MÉMOIRE

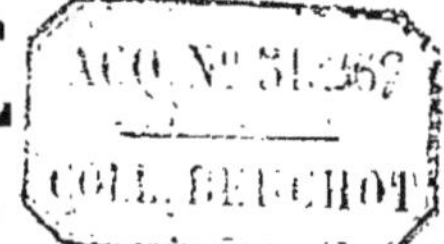

POUR Dame ANNE-ROSE CABIBEL, veuve CALAS, & pour ses ENFANS.

IL n'existe donc plus ce Jugement terrible qui offensoit la Justice & dégradoit la Nature ! Deux Arrêts solemnels rendus avec le plus profond examen, avec le plus auguste (1) concours, avec la plus honorable unanimité, ont porté d'avance dans tout le Royaume & dans l'Europe entiere la justification d'un pere malheureux, ont appris aux Nations étrangeres que parmi nous l'innocence méconnue devient la cause de tous les Citoyens, & que le Prince lui-même daigne lui préparer des vengeurs.

Quels vengeurs que des Juges qui, déja deux fois instruits par le rapport (2) le plus lumineux,

(1) Il y avoit quatre-vingt-six Juges lors du dernier Arrêt.

(2) Fait par M. Thiroux de Crosne, Maître des Requêtes,

A ij

ont connu toutes les parties de cette affaire, en
ont saisi toutes les faces, & n'ont plus qu'à suivre
aujourd'hui cette conviction, qui, lors même
qu'ils n'avoient à prononcer que sur la forme,
pénétroient leurs ames de l'innocence des accusés,
& entraînoit leurs suffrages !

Aussi ne reprendrons-nous point devant eux ce
Procès immense, dans lequel jusqu'à cent quarante-neuf témoins ont été entendus. Les examens
déja faits par ces Magistrats éclairés, les connois-
sances qu'ils y ont prises, nous rendent cette dis-
cussion superflue. Elle seroit même, disons-le hautement avec cette persuasion que la vérité nous
inspire, elle seroit une injure pour la mémoire
de cet homme de bien, que la pureté de sa vie,
que l'héroïsme de sa mort défendent bien mieux
que nos discours : elle seroit une injure pour cette
famille vertueuse, qui, des extrémités du Royaume,
& même du sein d'une Domination étrangere (3),
est venue demander à son Roi, pour toute grace,
des prisons & des fers.

Mais nous voulons seulement saisir dans cette
affreuse affaire quelques points frappans qui soient
comme autant de traits de lumiere, & qui con-

(3) Geneve, d'où Pierre Calas est parti pour venir se
mettre en prison avec sa mere & les autres accusés.

firmant encore la certitude d'une innocence avérée, montrent à nos Concitoyens & à nos Juges jusqu'où le fanatisme a porté ses excès. Puissent ces excès mêmes, médités de sang froid, détruire à jamais son empire, & l'infortuné Calas être dans ma Patrie sa derniere victime ! Puisse ce tableau faire couler les pleurs de celui qui a causé tant de maux, & le porter à expier de lui-même (si quelque réparation le peut faire) ses persécutions contre une famille dont la ruine est son ouvrage !

PREMIERE PREUVE.

Marc-Antoine Calas étoit vraiment Protestant lors de sa mort, & n'avoit jamais été maltraité par ses parens pour cause de Religion.

Cette proposition toute seule, présentée en preuve, annonce quel esprit a dirigé toute l'accusation ; car, que Marc-Antoine fût ou Protestant, ou prêt à devenir Catholique, quelle conséquence peuvent tirer des hommes raisonnables, d'un changement de croyance à un parricide ?

Toutefois l'hypothese que Marc-Antoine a été assassiné en haine de sa conversion prochaine, a été la base de toute l'instruction contre les accusés.

A iij

Les questions qui leur furent faites d'office à l'Hôtel-de-Ville, en offrent une premiere preuve.

Une autre résulte de l'article premier du *brief intendit* donné par le sieur Pimbert, Avocat du Roi en la Jurisdiction des Capitouls, qui porte : « Si les témoins savoient, pour avoir vû ou en» tendu, que le sieur Calas pere & son fils cadet » sachant que son fils Marc-Antoine *devoit faire* » *abjuration*, l'avoient menacé dans plusieurs occa-» sions de le tuer, en lui disant qu'il n'auroit » d'autre bourreau qu'eux ; SI A RAISON DE CE, » ayant conçu de l'inimitié contre lui, lesdits » sieurs Calas pere & fils cadet ne le maltraitoient » journellement ».

Enfin les articles 1, 2, 3, 4 & 7 du Monitoire font porter les prétendues souffrances de Marc-Antoine & sa mort sur cet unique fondement.

De-là il résulte que si l'on a cru pouvoir élever là-dessus tout l'édifice de l'accusation, en renver-sant ce fondement chimérique, l'accusation tombe du même coup.

Or que Marc-Antoine fût vraiment Protestant, c'est ce dont le Procès & les faits articulés offrent les preuves positives & négatives les plus incon-testables.

PREUVES POSITIVES.

Marc-Antoine n'avoit pu finir son Droit par défaut d'un certificat de catholicité ; n'ayant pu l'obtenir du Curé (4) de sa Paroisse, il avoit essayé de se le ménager par quelques actes apparens, mais jamais par aucun acte de confession & de communion.

De tels actes lui répugnoient tellement, qu'il avoit renoncé au parti du Barreau pour prendre celui du Commerce ; sur quoi même il y avoit eu une proposition de société entre lui & le sieur Leroux, Marchand à Uzès, en Juillet & Août 1761.

Au mois de Juillet 1758 il avoit (5) assisté à une assemblée Protestante près de Mazamet, il y avoit présenté un enfant qui fut baptisé par un Ministre, il y avoit aussi fait la Cene.

A Noël 1760 il assista (5) à une semblable assemblée à Brassac.

Le 18 Janvier 1761, Marc-Antoine écrivant au sieur Cazeing, lui parloit avec indisposition sur

(4) Voyez la réponse de ce Curé à une sommation précise qu'on lui fit pour suppléer l'omission de l'avoir fait entendre.

(5) Faits justificatifs articulés. Faits prouvés au Procès.

A iv

la converſion de ſon frere : « NOTRE DÉSERTEUR, » lui diſoit-il, nous tracaſſe ; il veut faire contri- » buer, & il agit par force : ceci ſoit dit entre » nous ».

Au mois de Juin 1761, Marc-Antoine s'étant trouvé chez le ſieur Châlier, Avocat, ſon ami particulier, avec le ſieur Chalier, Prêtre, frere de celui-ci, la converſation s'engagea ſur la Religion ; le Prêtre lui fit les argumens les plus forts : mais jamais Marc-Antoine (qui eût pu cependant s'ou- vrir en ſûreté avec eux) *ne voulut convenir de rien.*

Vers ce même tems un Magiſtrat du Parlement de Touloufe (6), auteur de la converſion de ſon frere, ayant voulu entreprendre la ſienne, lui fit pluſieurs objections preſſantes, ſur leſquelles Marc- Antoine demanda à réfléchir mûrement ; puis il revint quelque tems après lui déclarer que le fruit de ſes réflexions avoit été de l'affermir plus forte- ment dans la foi de ſes peres.

Le même mois de Juin 1761, Me Baux, qui venoit de ſe faire recevoir Avocat, lui ayant demandé s'il n'en feroit pas bientôt autant, Marc- Antoine répondit « qu'il regardoit la choſe comme » impoſſible, ÉTANT TROP CONNU ; & QUE NE

_____

(6) M. de la Motte, actuellement à Paris.

» VOULANT PAS FAIRE DES ACTES DE CATHOLI-
» CITÉ, IL Y AVOIT RENONCÉ ».

Au mois de Juillet 1761 , Marc-Antoine affifta à un enterrement Proteftant hors des murs de Touloufe ; & naturellement plein de feu, il prit de cette cérémonie l'occafion d'une très-forte exhortation qu'il fit fur le champ à tous les affiftans fur l'excellence de leur croyance.

En différens tems Me Chalier & Marc-Antoine s'étant entretenus de Religion, celui-ci en avoit parlé avec tant d'enthoufiafme, qu'il avoit été jufqu'à dire que « *les Miniftres étoient bien heureux* » *de mourir pour leur Religion , qu'il envioit leur* » *fort* ; que fouvent le deffein lui étoit venu d'aller » à Geneve pour fe faire recevoir Miniftre , & » revenir enfuite expirer fur un échaffaut, en prê» chant les Religionnaires du Royaume ».

Le 28 ou le 29 Septembre 1761 , quatorze jours feulement avant fa mort, étant venu voir Maître Chalier, au fujet du départ d'un ami commun, il lui parla de quelques jeunes gens de commerce qui paffoient pour aller à la foire de Bordeaux ; lui dit qu'ils étoient fort heureux, qu'il n'en étoit pas de même de lui qui ne pouvoit rien faire, fon pere ne pouvant ni lui donner des appointemens , ni l'affocier à fon commerce trop

borné , ni le mettre en société avec d'autres.
Me Chalier lui ayant dit qu'à sa place il sauroit
forcer son pere de lui donner satisfaction de façon
ou d'autre : « par quel expédient, lui dit Calas ?
» Je me ferois Catholique, lui répond son ami,
» ou je ferois menacer mes parens de me le faire.
» Je ne prendrai pas ce parti, lui répliqua triste-
» ment Calas, mais j'en prendrai un autre que je
» mettrai à exécution ».

Enfin c'étoit Marc-Antoine qui dans les Prieres
de famille suppléoit son pere, en récitant lui-même
les Pseaumes & l'Evangile, en lisant les sermons
& les instructions qui forment le culte Religieux
parmi les Protestans privés de culte extérieur. Peu
de jours encore avant sa mort il avoit rempli ce
ministere.

Voilà par quelle chaîne de *Preuves positives*
nous arrivons jusqu'aux derniers jours de Marc-
Antoine. Plus les tems sont voisins de sa mort,
plus ces preuves se trouvent fortes & multipliées,
comme si la Providence eût elle-même voulu préparer la défense de cette famille infortunée.

PREUVES NÉGATIVES.

Les preuves *Négatives* ne sont pas moins con-
cluantes ; car observons ici que , suivant l'accusa-

tion, non-seulement Marc-Antoine devoit se faire Catholique, mais qu'il devoit encore faire son abjuration & sa premiere communion tout-à-la-fois le 14 Octobre, lendemain de sa mort.

Or voyons s'il y a quelques faits d'abjuration prochaine.

Bien loin qu'il y en eût aucune trace, on n'a trouvé dans ses livres ni dans ses papiers rien qui eût trait à la controverse, bien moins encore à l'abjuration.

On n'a trouvé aucun Catéchiste qui l'ait instruit, aucun Prêtre qui l'ait préparé à cet important événement ; il ne s'en est même présenté aucun qui ait pu dire avoir eu avec lui quelques conversations desquelles on pût l'attendre un jour.

Ni le Curé de Saint Etienne sa Paroisse, Eglise où son abjuration & sa premiere communion auroient dû se faire, ni aucun autre Curé de Toulouse, ni aucun Supérieur de Maison Religieuse, n'ont été prévenus sur les dispositions que devoit entraîner cette cérémonie.

Il ne s'est trouvé aucun Confesseur qui l'ait entendu en confession. Le sieur Laplagne avoit cru d'abord qu'il pourroit l'avoir entendu, en quoi il se trompoit évidemment, 1°. parce qu'il disoit avoir entendu un jeune homme de vingt-deux ans aux fêtes de Noël 1760, Pâque & la Pentecôte 1761 : or Marc-Antoine n'étoit pas dans le cas de se confesser aux grandes fêtes annuelles; une confession générale pour préparer une abjuration, eût été faite avec plus de continuité. 2°. A Noël 1760 il étoit à Brassac dans une assemblée Protestante : aussi les Pénitens du sieur Laplagne lui ayant tous certifié qu'ils n'avoient jamais vu ce jeune homme à son Confessionnal, il a reconnu l'erreur de sa conjecture, & l'inspection du cadavre a achevé de le détromper, *après avoir*, dit-il, *pris tous les moyens possibles pour éclaircir ce fait.*

On avoit répandu que le Pere Pochat, Franciscain, ou le Pere Seranne, Jésuite, ou le Sous-Prieur des Trinitaires, l'avoient confessé : tous trois assignés en déposition, l'ont nié.

On avoit allégué qu'au moins il avoit un Confesseur, soit dans la maison des Jésuites, soit dans celle des Trinitaires : on a fait entendre en déposition tous les Prêtres de ces deux Maisons ; il ne s'en est trouvé aucun qui l'ait confessé.

Dix-sept Prêtres ont été entendus dans ce Procès ; nul n'a instruit Marc-Antoine, nul n'a dit avoir vu en lui des dispositions, même éloignées, à l'abjuration.

Enfin le jour même de sa mort, ce jour de

ecueillement & de prieres, qui devoit préparer pour le lendemain une abjuration & une communion folemnelles, il paſſe une partie de la ſoirée au billard (7), & ſes amuſemens ſont des vers obſcenes, des chanſons laſcives qu'on trouve dans ſes poches, mais dont le ſieur David jugea à propos d'éviter la deſcription, en les traitant dans ſon verbal de *papiers inutiles*.

Qu'oppoſera-t-on à ce concours ſi frappant de preuves négatives & poſitives, qui établiſſent ſi démonſtrativement le Proteſtantiſme de Marc-Antoine ?

On nous oppoſera quelques ouï-dire miſérables; mais ces ouï-dire, qui par eux-mêmes ne pourroient faire preuve, ne deviennent-ils pas au contraire une preuve de plus pour les accuſés, quand on les trouve à l'inſtant démentis par les témoins qui ſe trouvent cités dans ces vains diſcours ? C'eſt ainſi que le Pere Pochat, Franciſcain, & le Pere Seranne, Jéſuite, ayant été indiqués par quelques témoins pour avoir confeſſé Marc-Antoine, ont détruit tout-à-coup ces fauſſes imputations par leurs propres dépoſitions. C'eſt ainſi que vingt autres

(7) Ce billard s'appelle *les quatre Billards*. Voir la dépoſition du Peintre *Matthei*. Marc-Antoine y fit une perte aſſez forte dans pluſieurs parties conſécutives. On n'a point retrouvé l'or qu'il avoit.

témoins (8) ont défavoué, ont confondu ceux dont la témérité avoit osé les associer à leurs visions ou à leurs mensonges.

On nous opposera que Marc-Antoine avoit assisté à des Sermons, à des Saluts, même à des Messes en musique ; & nous répondrons que le désir de surprendre par ces actes extérieurs un certificat de Catholicité (désir auquel il renonça dans les derniers tems), que sa passion connue pour la Musique, que son goût pour l'appareil des cérémonies, que d'autres motifs peut-être l'ont attiré à ces fêtes (comme on l'est tous les jours dans

______

(8) La Demoiselle Brandela a démenti par son silence la femme Serres.

La nommée Vilospé a démenti la femme Catala.

Le sieur Pagis, la veuve Massalenc.

Un garçon du sieur Durand, la veuve d'André.

Le sieur Placide Pochat, le sieur Bordes.

Le sieur Claria, Françoise Rey.

Le sieur Delpech, Françoise Rey.

Antoine des Champs, la servante du sieur Durand.

Le sieur Blari, Marie-Anne Serres, femme Baussade.

Le sieur Nozieres, le nommé Fremond.

Le sieur Saladin, la femme Martin.

Le sieur Bruyere, le nommé Terrery.

La servante du sieur Cazeing, celle du sieur Bienaise.

Le sieur Bordet, le sieur Guillaume Fabre.

La Dame Lormand, la Demoiselle Marsalenc.

Le sieur Bruyere, la Demoiselle Romme.

Sans parler de bien d'autres désaveux moins frappans qu'on doit trouver dans ce Procès immense & si surchargé de témoins.

cette Capitale, au fpectacle d'une pompe funebre, à des cérémonies d'éclat, à des prédications inté-reffantes), fans que de telles actions euffent trait à la Religion ; mais perfonne ne nous dira qu'il fe foit confeffé, qu'il ait communié, qu'il ait été difpofé par un Prêtre à la confeffion ou à la com-munion : & voilà vraiment les actes diftinctifs entre les deux cultes.

Voyons néanmoins, fur le fait d'une abjuration prochaine de Marc-Antoine, les dépofitions les plus marquantes, & examinons fi elles peuvent foutenir le parallele des preuves de fon Proteftan-tifme.

Suivant la dépofition de Marie-Anne Serres, ouie par les Capitouls, Marc-Antoine avoit dit à la Demoifelle Brandela, la veille de fa mort, que « *le lendemain* il feroit bien propre, tant au dehors » qu'au dedans ; qu'il auroit un habit bleu, comme » fon frere Louis ; & que, quoique fon pere réfif- » tât, il l'auroit néanmoins *le lendemain*, & qu'il » devoit faire *le lendemain* fa premiere communion dans l'*Eglife de la Trinité* ».

Voilà fans doute une dépofition bien précife ; *le lendemain* y eft indiqué jufqu'à trois fois, comme devant être le jour de la premiere communion de Marc-Antoine : l'Eglife même eft nommée.

Mais pour toute réponfe nous dirons, 1º. que

ni la Demoiſelle Brandela , ni le ſieur Bordes, qu'on diſoit avoir entendu ce même diſcours, n'en ont rien dit dans leurs dépoſitions ; 2°. que ni le Sous-Prieur des Trinitaires , ni aucun des Prêtres de cette Maiſon , n'ont rien dit qui eût trait à cette cérémonie, ſur laquelle cependant ils auroient dû être prévenus, puiſqu'elle devoit ſe faire en leur Egliſe ; 3°. que ni le ſieur Bou, Tailleur de la famille Calas , ni aucuns autres, n'ont parlé d'un habit bleu , ni d'aucun autre habit qui fût commandé pour Marc-Antoine ; 4°. que la dépoſition de la femme Serres, trouvée d'abord ſi forte & ſi préciſe, a paru ſi foible, que le Parlement n'a pas voulu la faire entendre.

Une autre dépoſition eſt celle de la femme Lezat, Blanchiſſeuſe, ci-devant nourrice de Marc-Antoine, qui a dépoſé « qu'environ un mois & » demi avant ſa mort il l'invita à venir dîner avec » ſes parens (9), que ſa mere n'en ſeroit pas » fâchée, & qu'il ajouta : *Felicitez-moi , je me* » *fais de votre Religion , priez Dieu pour moi ;* » qu'elle fut de ſon propre mouvement dépoſer ce » fait à l'Hôtel-de-Ville, ſur les degrés duquel

____

(9) La dépoſition eſt en ces termes de familiarité : *D'où vient que vous ne venez jamais nous voir au logis & manger la ſoupe ?*

» elle

» elle trouva trois femmes qui la firent conduire
» dans le petit Confiſtoire, devant un Capitoul
» qu'elle ne pourroit pas reconnoître ».

Sans relever ici combien ce fait, placé un mois
& demi avant la mort, eſt contradictoire avec
les faits perſonnels à Mes Chalier & Baux, Avo-
cats ; au ſieur Chalier, Prêtre (témoins préféra-
bles à une Blanchiſſeuſe), & avec l'enterrement
du mois de Juillet 1761 ; ne ſuffit-il pas de l'in-
vraiſemblance qu'une femme d'une ſi baſſe con-
dition fût invitée à venir manger avec des citoyens
d'un état honnête, tels que les ſieur & dame Calas ;
qu'elle fût invitée à venir manger chez une mere
qui lui avoit ôté ſon enfant avec un juſte mécon-
tentement, & qui avoit été alors accablée par cette
nourrice d'injures & d'imprécations, dont même
celle-ci lui demanda pardon à la confrontation ?

Quelle foi d'ailleurs mérite un témoin qui va
s'offrir de lui-même pour dépoſer, & qui par ce
fait ſeul doit, ſuivant tous les Criminaliſtes, être
rejetté : *Teſtis ſe offerens repellitur à teſtimonio ?*

De plus, puiſqu'elle prétend que trois femmes de
Toulouſe l'ont fait conduire au petit Confiſtoire,
où ſa dépoſition a été écrite, comment cette dépoſition ne ſe retrouve-t-elle point ? Comment aucune de ces trois femmes qu'elle nomme, n'aura-
t-elle indiqué dans la ſuite de cette inſtruction,

B

ni ce Capitoul, ni aucun Valet-de-ville, ni aucune autre perſonne qui ait conduit vers lui cette Dépoſante ?

Enfin cette femme a été reprochée à la confrontation par la Dame Calas, reproche dont elle-même a reconnu la juſtice *en lui demandant pardon.* Or tombe-t-il dans l'eſprit qu'un jeune homme bien né allât ſans néceſſité jetter, pour ainſi dire, ſon ſecret, un ſecret important, à la tête d'une Blanchiſſeuſe chaſſée de ſa maiſon, tandis qu'il n'en auroit fait aucune confidence à ſes amis, anciens Catholiques, faits par leur état & leurs lumieres, pour le guider & le ſervir ?

La nommée Dolmieres, Couturiere, s'eſt miſe auſſi ſur les rangs, & a dépoſé d'une confidence ſemblable qu'elle prétend lui avoir été faite par Marc-Antoine le 12 Octobre, veille de ſa mort; confidence dont le détail, très-long, eſt déja rapporté dans les Mémoires (10.) Celui qui vient de paroître réfute cette dépoſition avec tant de ſolidité, qu'il ne ſemble pas poſſible d'y rien ajouter. Obſervons ſeulement que, ſuivant cette dépoſition, Marc-Antoine devoit ſe confeſſer le Mardi (13 Octobre), qui étoit le lendemain, & faire ſa premiere communion le Mercredi. Or préciſément ce jour 13 Octobre fut le jour de ſa mort, & il

(10) *Voyez* le dernier Mémoire de Me Mariette, p. 13.

est prouvé au Procès qu'il ne s'est confessé ni ce jour-là, ni aucun autre. De plus, comment pouvoit-il dire qu'il communieroit le Mercredi ? D'où tiroit-il cette certitude ? Quel est le Confesseur qui voulût prendre sur lui d'envoyer dès le lendemain de la confession à la Table sainte, un jeune homme de vingt-huit ans, plein de passions vives, & qui seroit encore dans les épreuves du Cathécumenat ? Sont-ce là les regles, les maximes de l'Eglise ?

Enfin le sieur Laplagne & le sieur Tenade ne purent distinguer les traits du cadavre, tant il étoit changé & défiguré. Comment cette femme, *qui ne le vit que plusieurs jours aprés eux*, auroit-elle pu le reconnoître ?

Mais, ce qui tranche en un mot, cette malheureuse se donne *pour avoir été de la Religion Protestante*. C'est sur cette conformité avec Marc-Antoine, qu'elle fait rouler toute la fable de sa déposition, & qu'elle y répand un air de confiance & d'intérêt l'un pour l'autre, qui en couvre mieux le venin. Or cette calomniatrice est née catholique, de pere & mere catholiques, qui l'ont élevée catholique. Le fait est prouvé au Procès, & dès-lors la réponse à la déposition venale & fausse de cette misérable, est un échaffaut.

Voilà néanmoins sur quelles allégations on conclut hardiment le Catholicisme de Calas, &

de ce Catholicisme un parricide ! Voilà sur quels respectables témoignages on lui décerne les honneurs du martyre & la couronne de l'immortalité ! Mais n'anticipons point en ce moment sur ces scenes coupables, & suivons seulement la marche de la prévention qui les prépare.

Le premier mouvement de cette prévention cruelle, fut de porter le sieur David à tout ce qui pouvoit la faire naître & l'appuyer dans les autres. De son chef & sans aucune provocation du dehors, il arrache les Calas à leur douleur, il repousse les représentations de son Collegue, *il prend tout sur son compte* ; & sous prétexte de demander des *éclaircissemens* qu'il eût bien mieux trouvés sur le lieu même, il les fait conduire à l'Hôtel-de-Ville, vers lequel ils suivent à pas lents le cadavre de leur fils & de leur frere.

Ce fut cette marche irréguliere qui, par cela même qu'elle étoit inutile pour de simples *éclaircissemens*, parut offrir à tous les esprits, d'un côté le corps du délit, & de l'autre les coupables. Ce fut cette marche qui suivie d'un prompt emprisonnement, occasionna elle-même les soupçons, en fit chercher avidemment les causes, & répandit ces rumeurs, ces dépositions de conversion, qui sembloient propres à excuser une précipitation si téméraire.

Ce n'étoit pas encore affez que d'annoncer cette converfion prochaine ; il falloit des faits intermédiaires, qui puffent montrer quelque rapport (s'il en exifta jamais) entre la converfion d'un fils & fon affaffinat par un pere : & ces faits devoient être fans doute de mauvais traitemens éprouvés par Marc-Antoine, *en haine de fa future abjuration.*

C'eft à quoi ne manquerent pas les artifans de ce fyftême : les *intendits* du fieur Pimbert, les chefs du Monitoire en font une fanglante preuve. On chercha de la part du fieur Calas pere, de mauvais traitemens dont Marc-Antoine eût été l'objet direct ; on en chercha d'autres de fa part contre Louis fon fils converti, afin d'établir, s'il eft poffible, de mauvais traitemens contre Marc-Antoine, *par des inductions & des argumens de parité.* Syftême incroyable, réfervé à nos jours ! On difoit : Marc-Antoine alloit fe faire catholique : Louis, devenu catholique, a été maltraité par fon pere : donc Marc-Antoine a pu l'être auffi : donc il l'a été : donc il a pu être affaffiné : donc il l'a été par fon pere ; & c'étoit fur cet horrible enchaînement de conjectures entaffées, qu'on dreffoit l'échaffaut du meilleur des peres.

Mais fa bonté même pour Louis fon fils, fut l'écueil de toutes ces calomnies : elle dut l'être du moins ; car rien ne met dans un plus beau jour le

cœur de ce vertueux pere, que cette partie du Procès qui concerne fa conduite envers ce fils converti. Non-feulement il fit remettre les habits & effets de fon fils, avec l'argent néceſſaire, mais il concerta de fon plein gré avec M. l'Archevêque de Touloufe & M. le Procureur Général, la dépenfe de l'apprentiſſage de fon fils dans une maifon de commerce : non-feulement il lui fixa une penfion (ce que fes facultés ne lui permettoient pas d'accorder à fes autres enfans), mais il lui donna encore une fomme 600 livres pour payer fes dettes de diſſipation & de jeuneſſe. "Pourvu que la con-
" verfion de mon fils foit fincere, difoit-il à
" M. de la Motte, Confeiller au Parlement, je ne
" peux la défapprouver, parce que de gêner les
" confciences, ne fert qu'a faire des hypocrites
" qui n'ont aucune religion ". Et s'étant abouché avec fon fils chez le fieur Borel, Capitoul, il lui dit, en l'embraſſant tendrement : *Continuez, mon fils, à vous bien conduire, & vous ferez content de moi.*

L'événement répondit à ces promeſſes ; & Louis fut même fi bien traité par fon pere, qu'il fembloit d'un état fupérieur à celui de fes propres freres. Une dépofition du Procès en aura offert la preuve d'une maniere aſſez naïve, & qui doit trouver ici fa place. Dans un difcours tenu par

Jean-Pierre Calas, & vraifemblablement rapporté par le fieur Nogariol, le premier, parlant de fon frere le converti, difoit à ce Négociant : " Louis » s'eft fait faire une penfion par mon pere, & le » voilà en habit verd-pomme, chapeau bordé, » bas de foie ; & nous, à peine avons-nous un » habit gris ». C'étoit dire affez clairement que les libéralités de fon pere lui avoient donné des préférences dont fes freres paroiffoient humiliés.

Qu'on ajoute les trois faits conftans prouvés au Procès ; le premier, que Louis Calas ne rentra point chez fon pere, depuis le moment où un Placet à M. l'Intendant de Languedoc, étant tombé de fa poche, fit connoître dans fa famille fon deffein d'abjurer ; le fecond, qu'il ne fe tint caché que pour éviter d'aller à Nifmes, où le premier arrangement des Magiftrats avec fon pere, avoit fixé fa demeure : le troifieme, que la marque qu'il porte au vifage, étoit l'effet d'un pétard qu'il avoit tiré avec quelques jeunes gens de fon âge (11), & nous ferons tout-à-coup difpenfés d'entrer dans cette partie épifodique du Procès. Nous n'aurons plus à réfuter ici ces fables miférables d'une chartre privée dans une cave, au pain & à l'eau, d'un

(11) La plaie que lui fit ce pétard a été panfée par le fieur Camoire, Chirurgien de Touloufe, actuellement vivant, le même qu'on alla chercher pour fecourir Marc-Antoine.

coup de piftolet tiré en plein jour dans une boutique, & autres vifions ridicules, qui, tout infen-
fées qu'elles font, prouvent moins l'abfurdité du
fanatifme à les inventer, que l'avidité de la prévention à les faifir.

Il ne reftera plus à examiner que les prétendus
mauvais traitemens propres à Marc-Antoine lui-
même : & d'abord une réflexion fe préfente. Quoi!
ce fils qui, dans fa Lettre du 10 Janvier 1761 à
fon ami, promet fa médiation pour fon frere
Donat auprès de leur pere, qui fe flatte qu'elle fera
affez puiffante pour lui faire obtenir une augmen-
tation de penfion, quoique fa famille *foit dans
des circonflances critiques & fe reffente beaucoup de
la mifere du tems* ; ce fils qui dans la maifon de fes
parens fatisfait tous fes goûts pour la mufique,
pour les fpectacles, pour la littérature, pour l'exer-
cice des armes, pour le jeu de billard devenu en
lui une paffion, qui n'eft affujetti à aucun travail
forcé dans le comptoir de fon pere ; ce fils qui le
remplace avec joie dans les fonctions fpirituelles,
& qui partage avec ferveur tous fes exercices religieux ; ce fils qui jouit d'une liberté affez honnête
pour inviter fes amis à la table paternelle, qui
reçoit des gratifications affez fortes pour faire au
billard des pertes fréquentes, voilà l'homme que
d'affreux traitemens accabloient tous les jours du

poids de la haine d'un pere, & conduifoient comme par degrés à la mort ! Ah ! pour l'honneur de la Raifon, pour celui de la Juftice, repouffons loin des Magiftrats ces abfurdes horreurs !

Auffi, quels qu'ayent été dans cette affaire les excès du Fanatifme, les efforts de la paffion, il faut avouer que cette imputation de la haine pater-nelle, a été la partie la moins chargée du Procès. Sur les cent quarante-neuf témoins, on n'en trouve que deux dont les dépofitions ayent été appliquées à de mauvais traitemens, & qui toutes deux fe réfutent avec avantage.

L'une eft celle de la nommée Marie Coudere, affociée de la nommée Dandufe, & comme elle Revendeufe de hardes. Elle dépofe qu'environ quinze jours avant la mort de Marc-Antoine, étant entrée dans la boutique du fieur Calas, & jufques dans le magafin, pour y acheter des indiennes, elle le vit tenant ce fils au collet, & lui difant : *coquin, il ne t'en coûtera que la vie* ; qu'auffi-tôt le fieur Calas vint lui donner des indiennes, & qu'elle crut qu'il avoit volé fon pere.

Cette dépofition, quand on l'admettroit telle qu'elle eft, porte avec elle fon correctif ; car de dire à un fils qui fait quelque vol à fon pere, *coquin, il ne t'en coûtera que la vie,* c'eft mêler à cette févérité même un fentiment de bonté paternelle, en menaçant un fils coupable que quelque jour la Justice humaine punira ſes excès qui deviendront des crimes.

On voit au Procès le ſieur Calas dire au ſieur Durand, dans la confrontation, que ſon fils jouoit continuellement au billard, *& lui voloit quelque-fois des pieces de marchandiſes.* Et voilà à quoi ſe rapporte néceſſairement cette réprimande que le fanatiſme a voulu infecter de ſon poiſon !

Mais d'ailleurs, pour apprécier la dépoſition de la femme Coudere à ſa juſte valeur, qu'avons-nous beſoin d'autres moyens, que de la dépoſition de ſon aſſociée elle-même ? Celle-ci dépoſe être entrée en même tems dans le magaſin avec la femme Coudere, & cependant elle ne dépoſe nullement avoir vu cette action violente, avoir entendu ces paroles menaçantes. Or les mouvemens d'une action ſi animée n'auroient-ils pas néceſſairement frappé ſes yeux & ſes oreilles ?

Après un moment ſi déciſif, qu'avons-nous beſoin de relever la baſſe vengeance de cette femme de la lie du peuple (1 2), qui avoit eſſuyé peu de tems auparavant *un refus d'indiennes à crédit* de la

(12) Le ſieur David, qui goûtoit fort ſa dépoſition, a voulu lui donner quelque poids, en qualifiant cette malheureuſe de *Demoiſelle*, comme il a qualifié d'*eſpece d'Abbé* un gros Négociant qu'il connoiſſoit très-bien, mais qu'il vouloit faire prendre pour un Miniſtre.

part du sieur Calas, & qui trouvoit ainsi dans la prévention du Capitoul le moyen sûr de venger une injure ? Et néanmoins, quoiqu'animée par la haine, elle n'osa dénaturer sa déposition au point de la tourner vers la Religion ; elle dit au contraire qu'elle avoit cru que le sujet de la menace n'étoit autre que pour *quelque vol* fait par le fils à son pere.

L'autre déposition qu'on oppose est celle du Boutonnier Bergerot : au premier abord elle est plus frappante, mais bientôt elle se trouve encore plus victorieusement détruite. La déposition, *telle qu'elle est écrite*, est que Bergerot passant, vers le milieu de la semaine antérieure à la mort de Marc-Antoine, devant la maison du sieur Calas pere (ne se rappelle ni le jour ni l'heure), il l'avoit vu dans sa boutique, *parlant à un Monsieur habillé de gris, & portant un chapeau bordé en or* (13), auquel le sieur Calas disoit, que « s'il savoit qu'IL (14) » *changeât de Religion*, IL n'auroit pas d'autre » bourreau que lui ».

C'est ainsi, encore une fois, que la déposition

____

(13) Affectation de désigner le sieur Lavaysse, que plusieurs témoins ont désigné de même lorsqu'il sortit pour aller chercher le Chirurgien & la Justice, afin d'insinuer sans doute que c'étoit à lui que ce discours étoit adressé, lui qui étoit absent de Toulouse.

(14) Sans nommer personne à qui ce mot se rapportât.

eſt écrite. Mais la voici dans ſes véritables termes, l'humanité nous ordonne de les retracer d'après des témoins plus croyables.

Le ſieur Abbé Durand, dans ſon récolement du premier Novembre, a dépoſé tenir du ſieur Barreau, Clerc-tonſuré, le fait en queſtion, rendu à lui ſieur Barreau par le ſieur Bergerot lui-même, de la maniere ſuivante : « Le ſieur Calas pere diſoit » dans ſa boutique, à un Monſieur qu'il n'avoit » pas reconnu, que *S'IL NE changeoit*, il n'auroit » pas d'autre bourreau que lui ».

Voilà donc un Eccléſiaſtique digne de foi qui rapporte tout différemment ce fait, & aſſure le tenir de la propre bouche de Bergerot lui-même : or, lequel des deux croira-t-on ?

La réponſe eſt facile. La regle vouloit que ſur la dépoſition du ſieur Abbé Durand on fît entendre le ſieur Barreau. Loin de le faire, il ſemble qu'on l'ait redouté ; & dès le lendemain même de la dépoſition de Bergerot, on l'a, pour ainſi dire, enchaîné à ſa dépoſition, en le faiſant promptement récoler & confronter.

Un tel fait ne demande pas une plus longue explication ; & dès-lors nous n'avons pas même beſoin d'obſerver que ce Bergerot, qui ne peut indiquer dans ſa dépoſition le jour ni l'heure, indique ce jour très-préciſément au ſieur Abbé

Barteau dans fon récit. Que d'ailleurs ces mots,
s'il ne change, ou *s'il* change, rapidement pris
par un paffant, dont la dépofition varie, ne fe
rapportent pas plus à Marc-Antoine qu'à tout autre;
que même ils ne peuvent s'y rapporter, dès-là
qu'on n'ofe en faire réfulter la menace d'un parricide. Quoi! il ne nomme feulement pas fon fils!
il ne le défigne pas! Il fait fans doute un récit
d'un événement étranger, il en rend les expreffions;
& fur l'arbitraire application d'un mot * indéfini   * II
d'un difcours incertain, fortement démenti par un
autre témoin plus croyable, il exifteroit parmi les
hommes un Tribunal qui pût envoyer un pere à la
mort!

Oppofens feulement à ce témoignage ifolé, les
dépofitions de trois des plus proches voifins du
fieur Calas, qui, bien inftruits de l'intérieur de fa
famille, le peignent comme un pere tendre, toujours occupé du bonheur de fes enfans. Oppofons-y
fes bienfaits prouvés envers Louis, bienfaits dont
la converfion même de celui-ci fit mieux éclater
la pureté & la grandeur. Oppofons y ce crédit de
Marc-Antoine fur fon pere, cette médiation puiffante qu'il employoit pour un frere, & tous ces
traits que nous avons pris plaifir à raffembler.

Eft-il maintenant un feul homme, nous ne difons
pas parmi des Juges éclairés, mais parmi les perfécu-

teurs les plus furieux, s'il en exifte aujourd'hui, qui puiffe calomnier une Communion chrétienne au point de faire infpirer par elle des affaffinats & des parricides ? Eft-il un feul homme qui puiffe penfer que ce Marc-Antoine, Proteftant notoire, écarté d'un état honorable par fa fermeté dans fa croyance, difpofé à répandre fon fang pour elle en venant prêcher fes freres, dût abjurer tout-à-coup cette Religion fi hardiment foutenue, pour laquelle fon attachement s'eft fi fort manifefté dans les derniers tems de fa vie, & qui fembloit lui devenir plus chere à proportion de fes facrifices, lui que perfonne n'a inftruit, n'a prêché, n'a préparé à un changement fi éclatant ? Eft-il un feul homme qui puiffe dans une parole équivoque, & différemment rendue par deux témoins, dans un mot fugitif & fans application certaine, trouver la preuve de la plus affreufe barbarie, d'une barbarie méditée de fang froid, & démentie par les actions les plus tendres, par des traits vraiment paternels ?

SECONDE PREUVE.

Les sieurs Calas pere & fils , la dame Calas & le sieur Lavaysse ne se sont jamais quittés. Le sieur Lavaysse & la Servante ne peuvent être impliqués dans l'affaire.

Dans de premiers Mémoires on a présenté l'impossibilité qu'un pere presque septuagénaire, ayant les jambes enflées & chancelantes, ait pu pendre seul un fils âgé de vingt-huit ans, robuste, le plus adroit de tous ses compatriotes aux exercices du corps ; que même, à forces égales, un pere pût étrangler & suspendre son fils.

Mais ce moyen, si puissant par l'impossibilité physique, plus puissant encore par les forces qu'il tiroit du sentiment & de la Nature, nous devient même en ce moment superflu. Si Marc-Antoine a été assassiné, sans l'avoir été par des assassins du dehors, ce n'est plus seulement à son pere que le crime est imputé ; il l'aura été par son pere, par sa mere, par son frere, & par son ami, avec l'aide de la Servante, ou du moins à sa connoissance ; car c'est ainsi que l'assertion invariable du pere jusqu'à sa mort, & la défense unanime des autres accusés, fixent l'accusation. *Nous ne nous sommes jamais quittés* (15), disent-ils ; *ou il n'y*

(15) Ceci signifie, quant à la Servante, qu'elle a tou-

à point de coupable, ou nous sommes tous coupables.

Nous ne nous sommes jamais quittés ! Paroles accablantes pour les premiers auteurs de ce Jugement sanguinaire ! Paroles qui, persévéramment soutenuës à la vue des tourmens & des buchers, par des accusés menacés d'une condamnation inévitable, devoient elles seules à la fin briser leurs fers !

Comment n'à-t-on pas senti la sublime défense qu'elles renferment, & les redoutables inquiétudes qu'elles devoient porter dans l'ame de tous les Juges ? Quoi vous, jeune homme bien né, digne d'un pere vertueux, vous cher à la Magistrature & à vos Concitoyens, vous vous tenez obstinément lié au sort de ces parricides, vous n'avez pas eu un seul instant de sommeil après un long voyage, après vos courses de la journée entiere ! Et vous, malheureuse fille, dont la dévotion simple & vraie n'est pas faite pour s'unir au crime sans aucun intérêt, vous à qui l'un des enfans doit ses lumieres & sa foi, voulez vous perdre avec ces coupables, vous n'avez pas été occupée à des soins domestiques, au point de ne pas entendre ce qui se passoit ou dans l'appartement des parens, ou dans leur magasin !

jours été parfaitement à portée d'eux, & qu'elle a pu voir & entendre tout, sa cuisine étant de plein-pied avec la salle à manger qui communique à la chambre où l'on se retira après le souper.   Et

Et tous les deux répondent avec une conſtance inébranlable : « Non, duſſions-nous périr à l'inſtant, » nous ne les avons jamais quittés, ils ne ſont pas » plus coupables que nous ». Et cette fermeté généreuſe n'a pas deſſillé les yeux !

Pour nous, nous le diſons avec confiance, c'eſt l'argument le plus fott, c'eſt le moyen le plus puiſſant que cette affaire nous ſemble offrir ; car dès-là que l'aveugle Fanatiſme donne à cette mort la Religion pour cauſe, comment peut-on faire entrer une Catholique zélée dans le plus exécrable des complots ? Eh quoi ! ce jeune homme qui arrive de Bordeaux, qui n'a vu Calas pere que quelques momens, auroit ſaiſi ſans horreur, & ſur la ſimple propoſition, l'idée du meurtre de ſon ami , auroit conſenti à l'inſtant à devenir lui-même ſon bourreau !

Diſons plus encore : qu'on ouvre les Annales des crimes, qu'on cherche avec ſoin les forfaits qui ont ſouillé la terre , & qu'on nous faſſe voir cinq monſtres réunis, commettant le plus abominable des aſſaſſinats; trois d'entre eux , en étouffant le cri de la Nature, & démentant tout-à-coup les ſentimens d'une tendreſſe non interrompue; le quatrieme foulant aux pieds une ancienne & tendre amitié, ſans aucun motif de Fanatiſme, d'intérêt ou de vengeance ; le cinquieme égorgeant , en haine d'une converſion prochaine , celui-là même que cette converſion devoit lui rendre plus cher. Ou ſi, pour l'honneur de l'humanité, on eſt forcé d'avouer que les ſiecles les plus atroces, que les climats les plus barbares ont ignoré des ſcenes ſi affreuſes , qu'on ceſſe donc de placer dans notre Patrie le premier théatre de ces horreurs !

Auſſi voyons-nous dans tout le cours de cette affaire, les Juges entraînés à ce ſentiment profondément gravé en eux , qu'il étoit impoſſible que tous les cinq fuſſent coupables. S'ils ſe perſuadoient fauſſement que le pere, la mere & le frere haïſſoient Marc-Antoine à cauſe de ſa prétendue converſion, & que cette haine avoit pu les porter à un parricide , du moins leurs ſiniſtres ſoupçons épargnoient le ſieur Lavayſſe & la Servante. Combien même de tendres invitations faites à ce jeune homme pendant l'inſtruction , par des Magiſtrats touchés de ſon malheur , perſuadés de ſon innocence ! Quel combat que celui livré par un pere qui, trompé lui-même par les bruits artificieuſement repandus de la condamnation inévitable des Calas, imagine que ſon fils ſe ſacrifie à une compaſſion mal-entendue! « Mon cher fils, lui dit ce pere, en préſence » d'un Magiſtrat qui chercha la vérité dans leur

» douleur même, il seroit inutile de te le cacher, la
» voix publique annonce qu'*il y a des charges plus*
» *que suffisantes contre les Calas*. Rien ne peut te
» dispenser de dire la vérité à tes Juges. Ne dissimu-
» les point, je t'en conjure. Si l'amitié t'a fait croire
» qu'il t'étoit permis de sauver des coupables, re-
» connois ton erreur ; songes à quoi tu t'exposes :
» que tous ménagemens cédent à ton devoir, au
» soin de ta justification, *de la conservation de ta*
» *vie*, de ton honneur & de celui de toute ta fa-
» mille ».

Quelle affreuse lumière ce discours porta dans
son ame ! Quoi ! c'est mon pere, l'organe de la vérité même, qui m'annonce QU'IL Y A DES CHARGES
PLUS QUE SUFFISANTES CONTRE LES CALAS, qui
me presse DE CONSERVER MA VIE ! Elle va donc
m'être enlevée au commencement de ma carriere,
déja les buchers sont allumés, une main barbare
m'y entraîne avec eux, la Justice humaine me
couvre d'un opprobre plus cruel encore que les
horreurs des tourmens ! Eh bien ! mourons pour
cette vérité même qu'on m'accuse de trahir, j'aurai
pour moi mon innocence & la justice de l'Être
éternel ; & la vive expression de ces sentimens qui
l'agitent, se faisant passage au travers de ses san-
glots : « Non, mon pere, lui dit-il avec courage,

» je n'ai point déguisé la vérité ; l'éducation que
» vous m'avez donnée , m'a trop inftruit de mes
» devoirs : les Calas ne font point coupables, JE
» NE LES AI PAS QUITTÉS UN SEUL MOMENT ; &
» quand le fupplice feroit préparé devant mes
» yeux , la crainte de la mort & de l'infamie ne
» m'arrachera jamais un menfonge qui pourroit
» faire périr des innocens ».

Cette vérité , que la crainte d'une mort préfente
ne peut altérer en lui , la mort même , & les plus
affreux tourmens, ne l'alterent point dans Calas.
De deffus fon échaffaut, & touchant au moment
redoutable de l'éternité qui va s'ouvrir , il attefte
cette innocence commune , qui réfulte de ce que
ne s'étant jamais quittés , ils devoient être tous
innocens ou tous coupables.

Et lorfqu'après le fupplice de l'infortuné vieillard les Accufés font conduits à un dernier interrogatoire , qui ne met entre eux & la mort qu'un
intervalle de quelques inftans , lorfque le lieu (1)
même de leur détention leur apprend qu'ils vont
périr comme lui, ils foutiennent tous fermement
ce qu'ils ont tous unanimement dépofé dans le

_____

(1) Un ufage conftant du Parlement de Touloufe , eft que
les Condamnés font renvoyés aux prifons de l'Hôtel-de-
Ville ; au lieu que les abfous defcendent en celles du Palais.
On crut devoir s'écarter de cet ufage au fujet des Calas,

tours de la plus rigoureuſe inſtruction. Ils défendent courageuſement ſon innocence, ils défendent
la leur; ils atteſtent tous une vérité qui ne peut
plus les ſauver, après le Jugement exécuté contre
un homme auſſi peu coupable qu'eux. Un Juge
demande au jeune Lavayſſe : « *QU'EN DITES-*
» *VOUS* , *à préſent que le pere a été condamné à*
» *mort* » ? Sa réponſe fut « *Malheur aux faux té-*
» *moins qui vous ont fourni des preuves* » !

On interroge la mere, elle regarde ſes Juges
qui détournent les yeux, & leur répond : « *Mon*
» *fils s'eſt tué ; vous avez fait mourir mon mari, il*
» *me tarde de le joindre : je n'ai plus rien à vous*
» *demander que la mort* ».

Que pourrions-nous ajouter qui n'affoiblît la
grandeur d'une telle défenſe ?

Concluons donc que le fait *de ne s'être jamais*
quittés étant ſi invariablement, ſi unanimement, ſi
perſévéramment ſoutenu par tous les Accuſés, &
au péril de la mort même par deux d'entre eux
qu'on croyoit n'être pas coupables, il en réſulte en
faveur de tous une double démonſtration de raiſonnement & de ſentiment qui conſacre leur innocence.

Démonſtration de raiſonnement. Le jeune Lavayſſe & la Servante étoient étrangers à l'accuſa-

tion : on vouloit les en fouftraire, ils n'avoient qu'à parler ; & ils perfiftent à fe tenir joints aux Accufés ; ils y perfiftent à la vue des échaffauts & des tourmens ; ils y perfiftent après que le fupplice de Calas leur annonce la mort qui les attend ; ils y perfiftent, lorfque le foin de leur propre confervation, ce fentiment fi fort fur tous les êtres, les entraînoit puiffamment à féparer d'eux leur défenfe. Or les Accufateurs les plus fanatiques n'ont jamais pu trouver à ces deux perfonnes aucun motif d'avoir affaffiné Marc-Antoine : il eft avoué même que la Servante auroit eu un intérêt, un devoir tout contraires : donc, *ne s'étant jamais quittés, aucun des cinq ne l'a affaffiné.*

Démonftration de fentiment. Nul événement fur la terre ne fournit d'exemple d'un affaffinat femblable ; & fans vouloir trop élever ici la nature humaine, affez dégradée d'ailleurs par tant de forfaits, nous pouvons dire néanmoins que le mal ne fe fait que par un motif affez fort pour nous en diminuer l'horreur, & que le grand moteur de tous les crimes, l'intérêt de les commettre, manquant ici au moins dans deux des Accufés, il eft impoffible de fuppofer un parricide qu'il eft impoffible de croire. On le fuppofera moins encore dans un pere que fa bonté prouvée pour fes enfans, l'estime de ses Concitoyens, soixante-huit ans de vertus couronnés par la mort la plus ferme, élevent au-dessus de tous soupçons; dans une mere dont l'honnêteté connue aujourd'hui de tous les Magistrats & de la Nation entiere, n'a rien d'égal que ses malheurs; dans un frere qui chérissoit vivement son frere, qui vivoit avec lui dans l'union la plus tendre; dans un ami que sa naissance, son éducation, ses mœurs, les exemples domestiques, sa générosité à la vue d'une mort prochaine, rendoient si digne de la confiance de ses Juges; enfin dans cette vertueuse fille, dont une piété exemplaire, fortifiée par sa participation fréquente aux saints Mysteres (1), avoit préparé les succès dans la conversion de Louis Calas, & qui, animée du même desir pour celle des autres enfans, auroit défendu Marc-Antoine au péril de ses jours, auroit combattu ses assassins, les auroit accusés du moins, bien loin d'avoir été leur détestable complice.

Mais si cette unanimité des Accusés forme aux yeux de la raison un moyen invincible, comment appellerons-nous cette fermeté généreuse d'une veuve & de pauvres orphelins, sans nom, sans biens, sans appui, qui, tout couverts encore du

____

(1) Elle avoit communié deux jours encore avant le suicide de Marc-Antoine.

C iv

fang d'un époux & d'un pere, viennent fe jetter aux pieds du Trône (1), viennent y déférer l'Arrêt d'un Parlement, comme un ouvrage d'erreur dans les Juges fupérieurs, comme un ouvrage d'oppreffion & d'injuftice de la part des premiers Juges ? Si la Calomnie ofoit dire que la prudence humaine prefcrivoit l'unanimité aux Accufés, pour leur propre falut, à ces Accufés qui, précipités fur le champ dans des cachots, n'ont pu fe concerter entre eux ; dira-t-elle auffi que cette même prudence prefcrive à des coupables abfous, de réveiller une accufation terminée, de fe remettre de nouveau dans les fers, d'attaquer hautement des Tribunaux puiffans, & le premier préjugé d'une

(1) Sous l'Empereur Charles VI on pendit injuftement à Palerme un jeune homme du peuple, que fon obfcurité avoit laiffé condamner très-légérement. La nature, plus puiffante peut-être fur le cœur des malheureux & des foibles, lui fufcita un vengeur. Ce fut fa mere. Elle va à pied demandant l'aumône de Palerme à Vienne. Elle pénetre au travers des Gardes qui la repouffent, des Courtifans qui détournent la tête de deffus une infortunée ; elle fe jette aux pieds de l'Empereur, & lui demande, à grands cris, juftice de l'affaffinat commis par les Juges. L'Empereur, frappé de fa confiance, juge que le fils doit être innocent quand la mére eft fi courageufe. Sur le champ il envoie ordre au Vice-Roi de Sicile d'examiner rigoureufement le Procès. La condamnation fe trouve injufte. La bonté & la juftice de l'Empereur accorderent à la malheureufe mere de triftes & tardifs dédommagemens, qui ne lui rendoient pas un fils.

Ville entiere, de s'expofer aux rigueurs d'une inftruction que l'éclat même de leurs plaintes doit
rendre & plus approfondie & plus févere ? Il faut
donc évidemment que le fentiment puiffant de
l'innocence & de l'honneur anime cette refpectable
femme & fes enfans, quand on les voit tenter une
entreprife dont la vertu feule a pu concevoir &
remplir l'idée. Il faut donc que la Calomnie elle-
même, fi elle ofe fe montrer encore, rende hommage à des Accufés d'un nouveau genre, lorfqu'elle les entendit dire avec un noble courage au
Confeil du Prince, & aux Juges qu'il a choifis :
« Faites rétablir pour nous les échaffauts & les bu-
n chers, ou renverfez ceux fur lefquels expira
» l'homme de bien dont nous venons prouver &
» venger l'innocence ».

TROISIEME PREUVE.

Etat du cadavre. Heure des cris entendus, fixée par
quatorze Témoins.

Un premier point important, & qu'il ne faut
jamais perdre de vue, c'eft que Marc-Antoine n'a
point été étranglé, puis fufpendu : mais qu'*il a été*
pendu vivant, par lui-même ou par d'autres. C'eft
ce qu'attefte en propres termes le rapport des Mé-

~~~decin & Chirurgiens , fait le lendemain de fa mort.

Cette déclaration de leur part eft prouvée par le fait même. Ils atteftent avoir trouvé au cadavre une marque livide au col , de l'étendue d'environ demi-pouce , en forme de cercle , *qui fe perdoit fur le derriere dans les cheveux.* S'il n'avoit été qu'étranglé , la marque livide auroit été parfaitement horifontale , & même il n'eût pas été poffible , en l'étranglant par terre , de faire remonter la corde *dans les cheveux ;* elle auroit gliffé , n'ayant rien qui l'y fixât , & par conféquent elle n'auroit pu produire la mort par *torfion.* S'il eût été étranglé d'abord , & puis fufpendu , pour couvrir par cette fufpenfion la mort par *torfion ,* alors on auroit trouvé fur fon col deux impreffions ; l'une horifontale , réfultante de la *torfion ;* l'autre remontant par derriere dans les cheveux , réfultante de la *fufpenfion.* Mais n'ayant été que *fufpendu ,* on n'a dû trouver , & l'on n'a trouvé en effet qu'une feule impreffion , qui eft celle décrite dans le rapport ; & cette impreffion a été l'effet naturel de la pefanteur du corps , la corde ayant remonté néceffairement *fur le derriere dans les cheveux , où elle fe perdoit.*

Ce premier point une fois conftant , démontre
~~~

d'abord l'infidélité insidieuse du Monitoire, dont les auteurs ayant devant leurs yeux le rapport des Médecin & Chirurgiens , n'ont pas rougi de mettre dans le cinquieme chef, que Marc-Antoine *fut ETRANGLÉ ou pendu*, & qu'il fut étranglé & mis à mort *par suspension ou par TORSION ;* alternative odieuse, qui, d'après le rapport juridique, n'étoit pas en leur pouvoir. C'est ce que nous aurons occasion de relever par la suite.

Bornons-nous ici à observer, d'après ce même rapport, que Marc-Antoine n'a donc pas été étranglé par des gens qui , se jettant sur lui tous ensemble, l'ayent renversé par terre ; mais qu'il a été *suspendu.*

L'a-t-il été par lui-même ? L'a-t-il été par d'autres ? Voilà tout le Procès. L'état dans lequel on l'a trouvé suffit seul pour le décider.

On l'a trouvé tête nue & en chemise, son habit posé & plié sur le comptoir, sans aucun dérangement dans ses cheveux, sans aucun déchirement ni désordre , sans aucune contusion ni meurtrissure, sans autre marque que l'impression de la corde, enfin, sans aucune trace de résistance ou de combat.

Voilà ce qui doit résulter non du Procès-verbal du sieur David, (car il y fit plusieurs omissions très-graves dont nous parlerons bientôt) mais du rapport des Médecin & Chirurgiens.

Or quel est l'état d'un homme pendu par lui-même ? Quel est l'état d'un homme que d'autres auront suspendu ?

Pendu par lui-même , il est tout naturel qu'il n'offre sur lui ni dans ses vêtemens , ni dans son corps , ni dans ses cheveux aucun désordre , aucune trace de combat , parce qu'il n'aura eu aucun combat à essuyer , la suspension étant en ce cas un acte de sa propre volonté.

Pendu par d'autres , il aura nécessairement résisté , parce qu'il n'est pas dans la nature qu'on voie attaquer sa vie sans la défendre. La résistance alors est matérielle , machinale , elle est l'acte involontaire d'un être qui se révolte contre sa destruction ; & quand un témoin a dit que Marc-Antoine étoit si soumis à ses parens qu'il se seroit laissé tuer de leur main par pure obéissance , il a dit une de ces absurdités qui ne pouvoient être proférées que dans un Procès plus absurde encore. Or cette résistance auroit laissé sur ses habits & sur son corps , sur les habits & les corps de ses Meurtriers , des marques d'un combat que l'amour de la vie d'un côté , le patricide de l'autre , auroient rendu si sanglant.

Ajoutons que l'endroit de la fuspenfion ayant fi peu de largeur qu'il falloit, fuivant le Procès-verbal du 16 Octobre, *rapprocher un peu les deux battans comme pour fermer la porte*, & Marc-Antoine y ayant été *pendu vivant*. il eft impoffible de fuppofer que cette opération ait pu être faite par plufieurs perfonnes dans un efpace que rempliffoit prefque entieremrnt la largeur de fon corps. Ces deux argumens ne fouffrent point de réplique.

Pour diminuer la force du premier des deux, on fait valoir la dépofition d'un Praticien nommé Pages, qui dit qu'étant entré le 14 Octobre vers les quatre à cinq heures du foir à l'Hôtel-de-Ville, il vit dans la chambre de la torture, fur la poitrine du cadavre, *une efpece de noirceur grande comme la main* ; qu'ayant demandé au fieur Favre, Chirurgien, d'où pouvoit venir cette noirceur, fi ce n'étoit pas d'un fang extravafé, celui-ci avoit répondu que non, mais que cela provenoit d'un coup donné à Marc-Antoine pour l'expédier plus vite.

La réponfe à cette dépofition fauffe eft, 1°. dans celle-même du fieur Favre qui n'en dit pas un mot ; 2°. dans la dépofition du nommé Lambrigot, Soldat de garde, qui dit que cette petite noirceur étoit *de la grandeur à peu près d'une piece d'un fol*; 3°. dans une autre dépofi-

tion (1) qui explique cette noirceur par l'application du cadavre fur une planche raboteufe à cet
endroit; 4°. enfin par le rapport des fieurs Latour,
Médecin, Peyronet & Lamarque, Chirurgiens,
fait dans la boutique avant le tranfport, par lequel
ils déclarent qu'ils avoient trouvé le cadavre fans
aucune bleffure , *& fans autre marque livide
que celle qui avoit été caufée par l'impreffion
de la corde ,* rapport que le Chirurgien Lamarque
réitéra le lendemain dans un nouveau Procès-
verbal.

C'eft donc un point conftant au Procès, que
Marc-Antoine n'a porté aucune trace de fufpenfion
par autrui, & qu'ayant été *pendu vivant* , il faut
qu'il fe foit pendu lui-même, *l'efpace* de fa fufpenfion prefque rempli par fon corps n'ayant pu
fuffire à une feule autre perfonne avec lui.

D'après ce fait incontestable, nous fommes bien
difpenfés d'entrer dans la poffibilité ou impoffibi-
lité de fa fufpenfion, relativement au billot & à la
corde : poffibilité pleinement démontrée dans les
premiers Mémoires, poffibilité établie par le rapport même des Médecin & Chirurgiens qui déclarent qu'il a été *pendu par lui ou par d'autres* ,
vérifiée par de jeunes gens & par les Soldats du

____

(1) Celle du fieur Faure , Chirurgien *Facultifte.*

Guet qui se suspendirent le lendemain sur les mêmes bâtons, avec la même corde & le même billot, possibilité enfin qu'il étoit souverainement injuste de contester après avoir laissé traîner du 13 au 16 Octobre, dans le magasin le billot & la corde, qu'une main ennemie avoit pu accourcir.

Cette démonstration, tirée de l'état du cadavre, se fortifie puissamment par une observation également fondée sur la nature des choses.

Marc-Antoine est mort avant huit heures. La boutique des sieurs Calas étoit dans la rue la plus fréquentée de Toulouse. On voit par le Procès même que toutes les maisons du voisinage étoient pleines de voisins rassemblés. Une simple cloison de planches s'opposoit aux regards, mais ne suffisoit pas pour empêcher le bruit de se faire entendre au dehors. Et quel bruit que celui de plusieurs corps qui s'agitent & se choquent, d'une famille entière animée par la fureur & le crime, des cris perçans qui appellent du secours, d'un jeune homme vigoureux qui défend sa vie, d'un pere & de quatre autres assassins qui le terrassent & l'étranglent!

Et cependant alors aucun bruit n'a été entendu. Tous les cris, toutes les paroles si étrangement défigurées par plusieurs témoins, & plus affreusement encore expliquées, paroles qui n'étoient que l'expreffion de la douleur des parens, fe rapportent unanimement à neuf heures & demie, neuf heures trois quarts, dix heures. Quatorze témoins font unanimes fur ce fait, unanimité d'autant plus concluante, que dans le furplus de leurs dépofitions ils font divifés fur les fons qu'ils prétendent avoir frappé leurs oreilles, ou qu'ils rapportent par (1) oui-dires. Il y a même un (2) témoin qui dépofe avoir paffé devant la boutique des Calas vers les huit heures & demie du foir, & n'avoir entendu aucun bruit, à neuf heures un quart, & n'en avoir entendu aucun, enfuite à neuf heures & demie, & alors avoir entendu le bruit & les cris qui font conftans au Procès.

Que Marc-Antoine ait ceffé de vivre vers les fept heures trois quarts, c'eft ce qui réfulte de ce qu'il pouvoit y avoir une heure & demie ou deux heures qu'il étoit mort lorfqu'il fut vifité fur les

(1) Rien n'eft fi frappant, par exemple, que la contrariété de Cazales & de Popis ; tous deux garçons du fieur Maifons. Le premier dit avoir entendu : *ah, mon Dieu ! ah, mon Dieu !* ce qui fe rapporteroit à la douleur des parens, fur laquelle ont dépofé pareillement les fieurs Efcat, Gorce, & Delpech. Le fecond dit avoir entendu *au voleur, à l'affaffin*, ce qui fuppoferoit évidemment des affaffins du dehors.

(2) Le François, onzieme témoin.

neuf heures & demie par le Chirurgien Gorce.
Celui-ci déclare avoir dans ce temps-là examiné
le corps de Marc-Antoine , avoir touché son
pouls , ses tempes , avoir porté la main sur son
cœur , l'avoir trouvé sur toutes ces parties froid &
sans palpitation. Le sieur Delpech dépose pareillement avoir touché le corps de Marc-Antoine atten-
tivement sur l'estomac & autres parties , (s'imagi-
nant qu'il auroit pu être tué en combat singulier
qu'il le trouva froid & sans blessure , & que le sieur
Gorce étant arrivé ensuite , trouva également le
corps froid & sans blessure , & la bouche se refer-
mant *comme par ressort* lorsque la mere voulut
faire avaler à son fils des eaux spiritueuses.

Le sieur Brousse entré avec le sieur Delpech ,
dépose aussi que le cadavre étoit froid, & fut trouvé tel par le sieur Gorce.

Il est vrai que le rapport des Médecin & Chirurgiens , postérieur de deux heures, dit que le
corps étoit encore *un peu chaud*; mais cette expression diminutive n'a rien de contradictoire avec les
trois dépositions précédentes , pour peu qu'on con-
sidere que la chaleur absolue & entiere des ca-
davres ne les quitte que plus de six heures après
leur mort, & qu'elle devoit durer plus long-temps
encore dans un jeune homme de vingt-huit ans ,

D

fort & robuste, mort par suspension. Cela n'em-
pêche pas que les tempes, le cœur, & autres parties touchées par le Chirurgien Gorce & les trois
témoins, n'ayent pu être dites *froides* par opposi-
tion à la chaleur ordinaire de ces parties, quoique
dans ce même temps toute chaleur ne fût pas encore
éteinte dans le cadavre. De plus, les trois témoins
énoncent avec détail le pouls, les tempes, le
cœur, la bouche, avec un examen approfondi de
ces parties. Or ces dépositions si circonstanciées ne
peuvent être affoiblies par la généralité de cette
expression, *un peu chaud*, qui ne s'applique distinctement à aucune partie, & qui peut être vraie sans
rien prendre sur la vérité de ce que ces trois témoins ont senti & déposé.

Enfin un dernier argument dont nous avons
déja montré la force irrésistible, est l'unanimité
avec laquelle les Accusés soutiennent que Marc-
Antoine quitta la table vers la fin du souper,
c'est-à-dire vers les sept heures trois quarts. Cet
argument, on vient de le voir, forme démonstration lorsqu'ils disent : *nous ne nous sommes
jamais quittés*. Il doit en former une semblable,
lorsqu'ils disent avec la même unanimité : *il a
quitté la table vers la fin du souper ;* d'autant mieux
qu'ayant été conduits à l'Hôtel-de-Ville pour qu'on

y prît d'eux des (1) *éclaircissemens*, ils n'avoient garde de prévoir l'horrible accusation élevée subitement contre eux, & qu'ayant été mis sur le champ dans des cachots séparés, ils n'ont pu emprunter que de la vérité même cette unanimité constante qui honore & rend invincible leur défense.

Aussi le fort de l'accusation n'a pas porté précisément sur l'heure de la mort de Marc-Antoine. Ce point a été très-peu agité au Procès. L'heure à laquelle se rapportent les cris entendus, fixoit leur nature, & ne permettoit pas de les regarder autrement que comme les cris & les signes de douleur d'un pere, d'une mere, & d'un frere consternés de la mort affreuse d'un objet si cher.

Mais, le croira-t-on ? malgré l'unanimité des plus fortes dépositions sur cette douleur des parens, malgré les témoignages si touchans qui passoient de leurs ames dans les ames de tous ceux qui les environnoient, un misérable (2) a osé élever sa voix promptement accueillie, & a dit à Calas pere : « vous vous parez d'une fausse douleur, j'ai regar- » dé par les fentes de votre boutique, & je vous ai » vu distinctement vous promener une lumiere à

(1) Procès-verbal du Capitoul.
(2) Jean Peres, Garçon Perruquier.

D ij

\» la main autour de votre magasin, sans aucun
»signe d'affliction & de tristesse ».

Qu'on se peigne, s'il est possible, la consterna-
tion de ce vieillard, lorsqu'il voit nier jusqu'à sa
douleur, soupçonner jusqu'à ses larmes, cette expression de la nature, cette défense involontaire &
vraie, ce témoignage fidele que ne demandoit pas
son innocence & qui ne servoit que mieux à la
faire passer dans tous les cœurs. Mais tout-à-coup
reprenant courage : " vous qui m'avez vu si distinc-
» tement, lui dit-il, quel habit avois-je ? » Le témoin frappé de cette question imprévue, jette les
yeux sur lui, s'arrête un moment, répond : " le
» même habit que vous avez actuellement ». Or le
sieur Calas ne prit d'habit (1) que pour aller à
l'Hôtel-de-Ville, & par-là même l'imposture de
ce témoin se trouva pleinement confondue.

Puis pour mieux démontrer sa calomnie, on
fait visiter la boutique. On trouve qu'il n'y a ni
fente ni ouverture quelconque au travers de laquelle l'œil ait pu pénétrer. Les enfans pour leur
pere articulent ce fait par requête & en offrent la
preuve. La Requête reste sans réponse, le témoin

______

(1) Le sieur Calas fut en robe de chambre toute la soirée
de la mort de son fils, & jusqu'au moment où étant conduit à l'Hôtel de Ville, il prit un habit pour y aller.

doublement convaincu de feux refte impuni , & le malheureux Calas eft conduit au fupplice.

QUATRIEME PREUVE.

Inutilité des efforts multipliés du Fanatifme contre les Accufés.

Que de tels événemens ceffent de furprendre. Quand on voit jufqu'où dans cette affaire le Fanatifme a porté fes excès , fi quelque chofe étonne , c'eft qu'il n'ait pas produit de plus grands crimes. Et c'eft encore ici une de ces vues frappantes, une de ces démonftrations morales , qui forcent les fuffrages.

En effet , pour qui connoît les hommes , quelle plus forte preuve d'innocence que de dire : « les » emportemens d'une populace ameutée, fufcitée » par tout ce qui peut remuer plus fortement de » telles ames , vivement perfuadée que le Ciel » même fanctifie fa haine & demande la mort d'un » facrilege , ont entaffé les récits les plus enveni- » més , les délations les plus hafardées, les inter- » prétations les plus finiftres ; & tout cela n'a pu » former un corps de preuves fuffifant pour envoyer » au fupplice le malheureux objet de fes fureurs ». Ici combien d'affreux refforts n'a pas fait jouer

D iij

cet aveugle enthoufiafme qui s'empara de tous les efprits, qui corrompit tous les cœurs ?

Qui ne feroit révolté d'abord de voir que fur trois cas poffibles, l'affaffinat de Marc-Antoine par des étrangers, fon fuicide, fon affaffinat par fes parens, l'efprit du Capitoul, auteur de tout ce défaftre, fe porte vers le plus exécrable, vers le plus invraifemblable des trois crimes? Et quand s'y porte-t-il ? C'eft lorfqu'il devoit avoir un fentiment tout contraire, c'eft lorfqu'après avoir fait conduire ces infortunés à l'Hôtel-de-Ville, *pour prendre des éclairciffemens*, il ne peut cependant en acquérir aucuns à leur charge. C'eft en ce moment même qu'il lui plaît de les juger parricides, qu'il s'écrie avec une fatisfaction cruelle : *je vois qu'il leur en coûtera quelques tours de queftion, qui à coup fûr feront ruiffeler le fang* (1); qu'il les fait emprifonner, encore qu'il n'y eût, & qu'il n'y ait eu contr'eux aucun décret de prife de corps. La joie d'une ame honnête eft de pouvoir trouver un innocent dans un accufé qu'on foupçonne ; la fienne eft de ne voir, de ne préjuger jamais que des coupables.

S'il s'applaudit d'abord de cette détention arbitraire, il en fent enfuite les dangers. Mais bientôt

(1) Mém. du fieur Lavaiffe, pag. 8.

Il se rassure en se persuadant, en insinuant du moins que la cause de Dieu est dans ses mains, & qu'il a la mort d'un Martyr à venger.

Aussi-tôt cent voix répandues dans Toulouse, portent de toutes parts ses conjectures & ses soupçons. Les bruits d'une conversion prochaine, d'un assassinat en haine de cette conversion, se forment, s'accréditent, excitent l'activité de ses poursuites. Et par cette réaction qui se porte vers lui, il semble ne faire que céder à l'impulsion générale que sa témérité seule avoit fait naître.

Que la pente de l'enthousiasme est rapide ! Tous les esprits agités par David, le suivent & l'entraînent à la fois. Les Juges eux-mêmes, en invoquant ces secours puissans que l'Eglise a ménagés à la société pour la découverte des crimes, les Juges oublient à sa voix, & la forme de ces dénonciations publiques, & l'autorité (1) qui les accorde, & l'esprit d'impartialité (2) qui les compose. On di-

(1) On évita de demander le Monitoire à l'Official, seul compétent, suivant l'Ordonnance, pour l'accorder. On crut l'obtenir plus facilement d'un grand Vicaire, moins versé dans la forme de ces actes qui ne sont pas de son ressort.

(2) La Loi ordonne qu'un Monitoire soit dressé à charge & à décharge, & même sans désignation de personne, bien moins encore avec assertion d'un crime certain sur trois crimes possibles.

roit que le Fanatisme lui-même les a tracées en caracteres de sang pour susciter contre les Accusés des calomniateurs & des bourreaux. Ce n'est plus la nature du crime qu'on recherche, ni quels sont les coupables. On les annonce déja comme convaincus, en même temps qu'on publie un Monitoire pour les convaincre. On demande aux Citoyens d'apprendre à la Justice quel crime a été commis, & on leur assure en même temps que ce n'est ni un assassinat ni un suicide, mais un parricide ; on les restraint avec une horrible injustice à déposer seulement DE CE CRIME QUI EST DES PLUS DÉTESTABLES.

Qu'on nous dise du moins quels furent les cruels inventeurs des articles trois & quatre de ce manifeste sanguinaire , articles qui annoncent « que le » 13 Octobre au matin *il se tint une délibération* » *dans une maison de la* Paroisse de la Daurade, » OU LA MORT DE MARC-ANTOINE FUT RÉSOLUE » ET CONSEILLÉE,.... que le même jour depuis » l'entrée de la nuit jusques vers les dix heures » CETTE EXÉCRABLE DÉLIBÉRATION FUT EXÉCU- » TÉE EN FAISANT METTRE CALAS A GENOUX » ?...

A de telles horreurs la plume tombe des mains... on frémit d'exister au milieu d'hommes capables de forger contre des innocens ces abominables complots . . . . Auteurs de ces atroces imputations, qui que vous foyez, tremblez. Au moment où la Patrie demandera compte du fang de ce vieillard, que peut-être ces deux feuls chefs du Monitoire ont conduit au fupplice, qu'aurez-vous à lui répondre ? Lorfque ni les dépofitions ni les charges n'offrent pas la plus légere trace de cette délibération prétendue, lorfque l'efprit humain ne peut pas même en admettre l'idée, vous forgez de chimériques accufations contre une Communion entiere pour vous affurer d'avance des victimes ! vous décrivez avec précifion tous les progrès d'un attentat dont l'exiftence même eft l'objet de vos recherches ! vous nous peignez *Marc-Antoine à genoux* au milieu de fes affaffins, lorfqu'il vous étoit incertain s'il en a eu d'autres que lui-même ! les jeux de votre imagination coupable font de nous tracer de fang froid l'appareil d'un parricide ! Et l'on auroit efpéré qu'après ces affertions plus téméraires encore qu'inhumaines, la vérité paifible & pure fe fît jour au milieu des cris d'une populace aveugle & infenfée, d'une populace trompée au nom de la Religion même !

Mais ce ne fut là que le premier pas d'un Fanatifme trop cruel dès l'abord, pour ne pas l'être encore davantage. Il venoit d'abufer des droits de la Religion fur les confciences, il va profaner fes cérémonies & fes temples. Quel fpectacle que cette Eglife tendue de blanc, cette Proceffion pompeufe de Pénitens & de Prêtres, ces Religieux de tous les Ordres affemblés, ces milliers de Citoyens courans en foule pour invoquer un nouveau protecteur (1) dans les cieux, ce Maufolée tout couvert des ornemens du Martyre, couronné par un fquelette humain, & réuniffant fur Marc-Antoine les honneurs d'un monftrueufe apothéofe! De quel droit d'aveugles mortels exerçoient-ils ainfi les jugemens du Très-Haut, & décernoient-ils, au gré de leurs paffions, un culte religieux à cet homme que peu de jours avant ils condamnoient à d'éternels fupplices; à cet homme qui n'avoit pas ceffé d'être pour eux un objet de réprobation & d'anathême; à cet homme dont Dieu feul a pu connoître les derniers fentimens & la foi; à cet homme enfin qu'on ne pouvoit honorer comme Martyr, fans annoncer irrévocablement pour fes bourreaux fes parens qui n'étoient pas jugés encore! Quel Citoyen, à la vue de ces cérémonies folemnelles, & fur-tout à la fcandaleufe durée de ces fêtes fucceffivement célébrées dans

____

(1) *On étoit venu jufqu'à lui attribuer des Miracles.* Mém. du fieur Lavayffe, page 13.

trois temples, pouvoit douter que les malheureux parens ne fuſſent des parricides (1)? Quel témoin appellé au Procès ne devoit pas s'exagérer à lui-même la force de ce qu'il avoit vu ou cru voir, de ce qu'il avoit entendu ou cru entendre? Quel Catholique zélé, pris du milieu de cette populace ſoulevée, ne devoit pas croire, après l'éclat perfide de cette pompe meurtriere, que la Religion elle-même appelloit chacun de ſes enfans à venger ſon injure, à convaincre & à frapper des coupables?

Fallut-il plus de mouvemens & d'efforts pour former autrefois au ſein de la France déchirée une école de bourreaux & de parricides? Loin de nous, pour ne renaître jamais, ces jours horribles que le Fanatiſme enſanglanta de ſes fureurs! Des prédications ſéditieuſes, des peintures effrayantes, des

(1) Croira-t-on que ce fut préciſément trois heures après l'inhumation ſéditieuſe de Marc-Antoine, que le Capitoul David ſe tranſporta d'office & militairement, avec quelqu'autre, & AVEC LE BOURREAU, dans le magaſin des Calas, où l'on fit décider par ce BOURREAU, encore tout échauffé du ſpectacle qui venoit de frapper ſes yeux, que Marc-Antoine n'avoit pu ſe pendre. Et comment auroit-il pu le regarder comme ſuicide? Il venoit dans le moment même de l'invoquer comme Saint! Il falloit bien qu'alors une prétendue impoſſibilité phyſique vînt au ſecours de ce pompeux enterrement qui la rendoit néceſſaire! Horrible enchaînement, qui a perpétuellement couvert un égarement par un autre!

âmes foibles, troublées & raſſurées tour à tour par des ſcélérats qui ſe diſoient les Miniſtres des ven- geances divines, voilà de quelle maniere on aigui- ſoit les poignards, voilà comme on préparoit les plus exécrables forfaits. Doutera-t-on que les malheureux qui, pour les commettre, couroient à un ſupplice aſſuré, n'euſſent pu faire par une dépoſition men- ſongere ce qu'ils faiſoient par le fer & le poiſon, qu'ils n'euſſent pu par leur témoignage envoyer à la mort celui à qui ils la donnoient de leurs pro- pres mains ? Doutera-t-on qu'à la vue d'un pere dévoué à la colere céleſte, déſigné par les plus au- guſtes cérémonies de la Religion comme un parri- cide, ils n'euſſent pu dire à ce pere accuſé : *nous vous avons vu aſſaſſiner votre fils*, eux qui en dé- fendant les intérêts du Ciel, croyoient ne pouvoir être ni meurtriers ni parjures ? Mais le ſage qui peſe en ſilence les forfaits & les paſſions des hom- mes, ſe feroit dit avec aſſurance : « ces témoins » ou en impoſent ou s'abuſent ; ces malheureux » viennent de forger leur témoignage ſur les degrés » de ce Mauſolée où ils invoquoient un Martyr ».

Que ſera-ce, ſi à tant d'incroyables excès on ajoute la fatale circonſtance de cet anniverſaire de meurtre & de carnage qui acheva de rendre les Calas l'objet de la haine univerſelle ? Nous parlons de cette fête du 17 Mai, qui se célebre tous les ans en mémoire d'un massacre de Protestans commis à Toulouse en 1562 ; fête abominable qui honore un assassinat de Citoyens à l'égal d'une victoire ; reste honteux des anciennes barbaries, vainement proscrit par deux Arrêts émanés du Trône, & qui offense à la fois la raison, l'humanité, l'honnêteté publique, & la France. L'année 1762 annonçoit l'importante solemnité d'un jubilé séculaire ; les plus somptueux (1) préparatifs promettoient un nouvel éclat à la cérémonie ; des invitations imprimées, répandues dans tout le Languedoc & les Provinces voisines, appelloient de toutes parts les peuples à Toulouse ; une nouvelle source de (2) graces venoit d'être ouverte aux Fideles qui célébreroient avec zèle la solemnité sainte : & c'étoit dans ce moment que les imaginations ardentes de ce peuple soulevé, pour mieux honorer le grand

(1) On avoit commandé dès les premiers temps de l'année 1761 de riches étoffes d'or à Lyon pour de nouveaux ornemens.

(2) Bulle du Pape obtenue pour l'année 1762, qui accorde les indulgences les plus vastes à ceux qui célébreront la fête. On rassure, suivant les Mémoires qui nous sont remis, que cette Bulle exceptoit seulement les péchés exceptés dans une autre Bulle, qui ne doit pas même être nommée en France, & qui se citoit ainsi hautement dans Toulouse.

jour, le jour féculaire, plaçoient d'un côté le Maufolée du fils, de l'autre l'échaffaut du pere !

Enfin, comme pour réunir contre les malheu=
reux Calas tous les égaremens de la fuperftition,
toutes les noirceurs de la haine, n'alla-t-on pas
jufqu'à calomnier pour la feconde fois en cette
affaire une Communion toute entiere, jufqu'à accufer la Religion Proteftante, cette Religion tolé-
rante par effence, d'autorifer les peres à prévenir
par l'affaffinat de leurs enfans le déplaifir de leurs
abjurations? Non, jamais la Poftérité (car ce Procès, monument de Fanatifme & de honte, paffera
jufqu'à elle), non, jamais la Poftérité ne pourra
croire que dans une ville où l'efprit naturel &
l'amour des lettres fembloient devoir venger la
raifon, on ait pu l'avilir au point d'imputer à une
Communion chrétienne d'auffi abominables maximes. Et cependant ce ne furent pas de vaines déclamations étouffées en naiffant par leur abfurdité
même. On fit de cette imputation l'objet férieux
des terreurs du peuple, des affertions des gens
éclairés, des interrogats des Juges; un ouvrage
imprimé fous le nom *d'obfervations*, ofa prêter ces
horreurs comme un point de dogme à l'inftitution
chrétienne de Calvin, dont on citoit la page, aux
leçons de Geneve, aux prédications des Miniftres.

Il fallut que l'un (1) d'eux combattît par une réponse imprimée ces misérables calomnies. Il fallut que le Consistoire & l'Académie de (2) Geneve, avec cette compassion qu'on a pour les enfans & les insensés, s'assemblassent solemnellement pour attester à la ville de Toulouse qu'un Chrétien ne se croit point en droit d'en assassiner un autre parce qu'il admet d'autres dogmes que les siens. Tant l'exécrable délire d'un aveugle Fanatisme avoit emporté au loin tous les esprits ! Tant une prévention envenimée avoit employé de ressorts pour susciter par le soulevement populaire quelques preuves contre des Accusés, que même sans aucunes preuves elle avoit d'avance condamnés à la mort !

Qui n'eût cru que parmi tant d'agitations & de fureurs il se seroit trouvé des témoins enflammés d'un zèle aveugle, & peut-être se trompant les premiers eux-mêmes, qui auroient porté contre ces infortunés d'accablans témoignages ? Mais telle fut la pureté de leur vie, tels furent encore les

____

(1) Ce fut le Ministre Paul Rabot, dont l'écrit fut condamné aux flammes, & se brûloit au Palais, précisément pour le moment où Calas pere y fut conduit pour son dernier interrogatoire.

(2) A Geneve, suivant les Loix, le changement de Religion n'est pas même une cause d'exhérédation.

droits de la vérité ſi obſcurcie par les paſſions les plus violentes, que de l'amas impur de tous ces oui-dire, de tous ces rapports groſſis par la légéreté, la préoccupation, & la calomnie, il ne réſulta pas un ſeul fait qui pût faire offrir contre eux une charge raiſonnable. Quelle juſtification que celle qui n'a pu être entamée par les préventions d'un Tribunal, les déclamations de tant de gens ou trompés ou intéreſſés à tromper, les emportemens & les paſſions d'une populace forcenée, & d'une Capitale entiere! Quelle innocence que celle qui a pu ne pas ſuccomber ſous de ſi terribles attaques !

CINQUIEME PREUVE.

Tous moyens de défenſe ont été ôtés aux Accuſés: tout ce qui pouvoit leur nuire a été employé contre eux, ſans cependant qu'il en ſoit réſulté aucunes charges.

Que d'ennemis les malheureux Calas ont eu à combattre à la fois ! Ce monſtre odieux dont nous n'avons que foiblement rendu les violens efforts, le Fanatiſme, n'étoit pas peut-être le plus redoutable qui préparât leur ſupplice.

Un eſprit d'irrégularité extrême, fruit d'une

prévention

prévention aveugle , un oubli abſolu des regles lorſqu'elles pouvoient les défendre , une extenſion arbitraire de ces mêmes regles quand elles pouvoient leur nuire , une affectation odieuſe à leur tendre des piéges , à raſſembler contre eux les effets du haſard même ; voilà ce que préſente aux regards les moins attentifs l'enſemble de cette procédure révoltante. Ne craignons pas de nous livrer à des détails , l'intérêt général de l'humanité les ſoutient ; le ſeul intérêt d'un innocent à venger ſuffiroit pour les annoblir & les recommander à nos Juges.

Et d'abord que convenoit-il de faire pour aſſurer la défenſe des Calas ? & l'a t-on obſervé ?

1⁰. Il falloit dreſſer *ſur le champ* , *& ſans déplacer* , Procès-verbal de l'*état* du cadavre , du *lieu* où il avoit été trouvé , & de *tout ce qui pouvoit ſervir pour la décharge ou la conviction* ; l'Ordonnance y eſt formelle (1). On n'en a rien fait ; le Procès-verbal a même été rédigé à l'Hôtel-de-Ville ; il porte date du 13 Octobre, & renferme cependant un rapport des Médecin & Chirurgiens, daté du 14 ; ce qui prouve manifeſtement qu'on a voulu , en mettant la date du 13 , faire

(1) Ordonnance de 1670 , tit. 4 , art. premier.

entendre que le Procés-verbal fut rédigé le 13 au soir dans la maison même. Les Accusés ont donné Requête pour s'inscrire en faux contre le Procès-verbal du Capitoul ; pour toute réponse on a interdit le Procureur pour trois mois.

2°. On devoit rendre compte de la chevelure du mort non dérangée, du linge non déchiré ni chiffonné, des habits nullement en désordre, de la douleur des parens, de leurs larmes, de leurs cris, &c. Tous ces points importans ont été omis, & la derniere de ces omissions a donné lieu sans doute à la calomnie du témoin Perés, qui osoit accuser le pere de se parer faussement d'une douleur que ses propres actions avoient démentie.

3°. On devoit décrire les papiers trouvés dans les poches de Marc-Antoine, sans les qualifier vaguement de papiers *inutiles*, parce que ce qu'on auroit cru d'abord le plus *inutile*, pouvoit répandre ensuite la plus grande lumiere sur l'instruction ; il falloit du moins les parapher, les annexer, les sceller. Ces précautions légales, l'affaire d'un moment, ont encore été violées : violation volontaire, là où il s'agissoit du salut de cinq Citoyens! violation d'autant plus criminelle, qu'elle a préparé aux Accusés les tourmens & la mort!

4°. Il falloit du moins ne pas laisser traîner,

exposés à toutes fortes de mains, la corde & le billot, inftrumens de la mort de Marc-Antoine ; cependant on les laiffe négligemment dans le magafin pendant trois jours : ce n'eft que le 16 Octobre qu'on fe fouvient qu'ils exiftent, qu'on va ramaffer ce billot & cette corde, dont on a voulu enfuite contefter & calculer fi irréguliérement la longueur.

5°. On devoit vifiter toute la maifon, pour y chercher des affaffins cachés, ou tous autres éclairciffemens qui auroient pu conduire à la conviction. On le devoit d'autant plus, qu'il y a au fond de la cour un grand corps de logis qu'on n'aborde que par l'allée des fieurs Calas, & qui eft occupé par un feul locataire étranger, vieillard fans famille & fans enfans. Or, qui nous répondra que cet édifice, prefque défert, ne cachoit pas des affaffins du dehors, fur-tout quand un témoin dépofe avoir entendu crier, AU VOLEUR, ON M'ÉTRANGLE ; fur-tout encore quand on confidere que l'or publiquement cherché ce jour-là même par Marc-Antoine pour de l'argent, fut vu par bien des gens, & ne fe retrouva jamais ? Quoi qu'il en foit de cette conjecture, (que l'humanité s'empreffe avidement de faifir pour rejetter de plus grands crimes) quel reproche contre cet ardent Capitoul, de s'être rendu coupable d'une inobfervation fi grave, fi terrible dans fes fuites; inobfervation qu'il a vainement voulu réparer, en faifant faire cette vifite trois jours après, c'eft-à-dire dans un temps où il ne lui étoit plus poffible de remplir le vœu de la Juftice & des Loix !

6°. Le rapport fur la nature des alimens & fur la digeftion de Marc-Antoine, étoit pleinement du reffort des Médecins, fur-tout lorfqu'on vouloit inférer d'un rapport fi délicat, la fauffeté d'un fait foutenu par les cinq Accufés, & conclure de cette fauffeté prétendue qu'ils étoient des coupables. Dans les cas les plus ordinaires, la Loi (1) veut que des Médecins foient appellés. On les appella même ici, pour conftater l'état extérieur du cadavre; & lorfqu'il s'agit de décider par l'état des alimens, fi Marc-Antoine a foupé ou non avec les Accufés, il femble qu'on fuie les lumieres de ces Maîtres de l'Art ; c'eft au Chirurgien Lamarque, à cet homme d'une ignorance prouvée au Procès, que ce Capitoul confie une differtation fi importante, dont le réfultat pouvoit avoir, aura eu peut-être fur l'efprit de quelqu'un des Juges les plus terribles conféquences.

7°. On déclare dans le Procès-verbal que les

(1) Ordonnance Criminelle, Tit. 5, art. premier.

Accusés furent conduits à l'Hôtel-de-Ville *pour y prendre des éclaircissemens* ; mais ces *éclaircissemens* ne pouvoient-ils pas se prendre bien plus sûrement dans la maison même, où l'on avoit sous les yeux le cadavre, le lieu, les circonstances du fait, les personnes rassemblées? Dès qu'on ne les conduisoit à l'Hôtel-de-Ville que pour prendre des *éclaircissemens*, ils n'étoient donc pas, du propre aveu des Juges, dans le cas de la *clameur publique* ; & cependant on excite cette clameur même, en leur faisant traverser au milieu de tout le peuple une très-longue rue, environnés de Soldats, & à la suite du cadavre, comme on conduit des coupables.

8°. Arrivés à l'Hôtel-de-Ville, on leur fait des questions d'office, pour donner aux Capitouls les *éclaircissemens* qu'ils souhaitoient ; & à l'instant, quoique leurs réponses ne les chargeassent en rien, quoiqu'il ne fût rien survenu du dehors à leur charge, on les emprisonne, on les met dans des cachots, sans qu'il y eût contre eux ni information ni décret. David forme sur le champ le titre de l'accusation ; & cette accusation..... c'est d'un parricide.

On emprisonne pareillement le sieur Lavaysse & la Servante, par simple voie d'*arrestation* &

d'*écroue*, fans aucun décret, fans qu'il y eût aucune charge, aucun foupçon raifonnable contre
eux. L'on affecte, en ne les jugeant pas les premiers, de priver les Accufés de deux témoins qui
étoient pour eux deux témoins néceffaires, & qui,
abfous d'abord (comme ils devoient l'être), n'en
auroient été que des témoins plus refpectables ; au
lieu qu'ils ne font aujourd'hui que des témoins
tardifs, qui ne peuvent plus dépofer fur Calas que
pour exciter à jamais nos regrets.

Mais, que de telles fautes n'excitent pas d'abord
une indignation trop vive ! Ce ne font encore que
des fautes légeres auprès de toutes celles que nous
allons rapidement tracer, & qui montreront jufqu'à quels excès fe font portées la prévention &
l'injuftice qui aveugloient les premiers Juges.

La plus grave de toutes ces fautes, celle qui a
principalement élevé l'échaffaut du malheureux
Calas, ç'a été d'inftruire continuellement dans
l'hypothèfe du parricide commis fur Marc-Antoine, & d'écarter toute idée de fuicide, ou d'affaffinat par des étrangers. La Loi, le fentiment
intérieur de l'équité, le cri même de la Nature,
interdifoient cependant à ces Juges une prévention fi fatale. Le rapport de leurs Médecin &
Chirurgiens les ramenoit néceffairement à la poffi-

bilité des trois cas; car ce rapport déclaroit que Marc-Antoine AVOIT ÉTÉ PENDU VIVANT *par lui-même ou par d'autres*. Mais rien ne les arrête. Ils écartent ce rapport, ils rejettent ce qu'il renferme ; & ne confultant que leur opinion cruelle, ils dirigent leurs informations, leurs opérations, leur Monitoire, leur enterrement de Marc-Antoine, leur conduite envers les Accufés, tout le Procès enfin, fur le fait certain dans leurs efprits, que le jeune Lavayffe & la Servante font les complices, ou tout au moins les fauteurs d'un crime horrible ; que le pere, la mere & le frere font des parricides.

De-là, comme d'une fource empoifonnée, combien ont découlé d'injuftices qu'on expie peut-être en fecret aujourd'hui par des larmes ameres ! La furprife, les artifices, les vaines & infidieufes terreurs, les traitemens inhumains; tout eft permis, fe feront-ils dit, pour convaincre de tels coupables, pour venger la Religion & la Nature !

Et auffi-tôt on préfuppofe aux Accufés, comme prouvés, des faits qui ne l'étoient nullement, qui même n'avoient ni raifon ni vraifemblance. On leur impute d'avoir envoyé les Demoifelles Calas à la campagne, pour commettre plus fûrement le crime. On veut qu'ils ayent fait une foſſe dans leur cave (1). On prétend qu'un *piton* (2) trouvé à la voûte de la cave, a ſervi à ſuſpendre Marc-Antoine. On débite & l'on fait débiter que des perſonnes ont VU MONTER le cadavre de la cave au magaſin, pendant que par une calomnie toute contradictoire, on veut que Marc-Antoine ait été entendu criant dans le magaſin : « *Ah ! mon Dieu,* » *au meurtre, on m'étrangle !* » On veut que la Servante ait dit, en marchant à l'Hôtel-de-Ville : « Je l'avois bien averti de ne pas ſouper à la mai- » ſon ; s'il m'avoit crue, cela ne ſeroit pas arrivé ».

(1) Nous ſommes inſtruits que quelqu'un oſe renouveller encore dans Paris cette calomnie & d'autres ſemblables, que même, pour y donner plus de poids, il ſe cite comme ayant des connoiſſances perſonnelles ; nous ſommons quel-qu'un, quel qu'il ſoit, ou tous autres qui tiendroient, ſoit ſourdement, ſoit publiquement, des diſcours de ce genre, de faire remettre à M. le Rapporteur, ou aux Défenſeurs des Calas, une déclaration ſignée d'eux des faits dont ils ſe diront bien certains, ce qu'ils ne doivent pas craindre de faire, dès-là qu'ils prétendront avoir une connoiſſance perſonnelle, qui *les exemptera en Juſtice de toute action de calomnie* ; que s'ils n'oſent accepter ce défi, nous les con-jurons de réfléchir quel nom méritent une conduite qu'on n'oſe ſoutenir, des allégations qu'on n'oſe ſouſcrire ; nous les prions de conſidérer que le véritable honneur d'une Na-tion eſt que des innocens ſoient abſous & vengés, & qu'on la deshonore bien plus en y ſuppoſant trop légérement le plus affreux des crimes.

(2) Eſpece de clou dont la tête eſt percée annulai-rement.

On détaille, on développe la prétendue délibération tenue pour l'affassinat. Par une noirceur plus profonde, on affecte de défigner dans le Procès-verbal, fous le nom *d'une efpece d'Abbé* (pour dire un Miniftre), le fieur Cazeing, gros Marchand de Touloufe, parfaitement connu du Capitoul David qui lui donnoit cette indication, & dans la maifon duquel on plaçoit l'affemblée. On avoit, dans le Monitoire, fait *mettre Marc-Antoine Calas à genoux*. Dans un *intendit* du Procureur du Roi on change cette attitude trop fuppliante, & on le *fait affeoir ou coucher fur deux chaifes*. On commence par fuppofer aux Accufés, qu'il eft prouvé que la corde a été coupée; & de-là on veut faire naître des contradictions entre eux fur ce qu'ils ont répondu comme fi elle l'avoit été. On fait dire au jeune Lavayffe par fon propre pere (qu'on trompe le premier) qu'*il y a des charges plus que fuffifantes contre les Calas, & qu'il ne doit plus penfer qu'à conferver fa vie*: tous faits dont il n'y avoit & n'y a jamais eu la plus légere charge au Procès; toutes inventions qui annoncent jufqu'où le délire de la prévention peut entraîner les hommes, une fois qu'ils fe font écartés des voies que la Loi & la Juftice ont tracées à leur foibleffe.

Combien d'autres reſſources plus odieuſes en-core on employa pour tromper ces Accuſés, pour ſoulever une vile populace contre eux, pour ſuſ-citer quelque dépoſition du milieu de ces têtes échauffées par des mouvemens & des ſpectacles deſtinés à les faire regarder comme coupables !.

Ne ſavez-vous pas, dit affirmativement un Ca-pitoul à la Dame Calas dans un interrogatoire, *qu'un pere eſt le juge ſouverain de la religion de ſon fils ?* pour tirer de cette queſtion propoſée comme axiome, quelqu'approbation de ſa part, d'où l'on pût violemment conclure qu'elle avoit conſenti à l'aſſaſſinat du ſien. Et quand Pierre Calas ſon fils céda, ou crut céder aux attaques de quatre Théologiens qu'on avoit envoyés pour changer ſa croyance, n'eût-on pas l'inhumanité d'obliger un Miniſtre de charité & de paix de conduire le fils à la mere, parce qu'on attendoit du déplaiſir que lui donneroit cette nouvelle, le perfide ſecours de quelqu'argument de parité contre cette vertueuſe mere (1), de quelqu'indice de ſa conduite envers ſon fils Marc-Antoine ? Ainſi, la Religion même, cette fidele conſolatrice des mal-

---

(1) La modération de cette reſpectable mere mit en dé-faut ce rafinement de perſécution ; elle écouta paiſiblement ſon fils, & ſans lui dire un ſeul mot, elle tourna la tête.

heureux , étoit employée à tendre des piéges à la Nature!

Ne fut-ce pas auffi dans le même efprit d'obtenir un fuccès quel qu'il fût, que le Capitoul David s'inclinant vers le jeune Lavayffe, lui confeilla à voix baffe d'écrire (1) à fon pere des Lettres, qu'il s'offrit de porter, & qu'il garda ? Heureux du moins, fi la naïveté, fi la vérité de ces Lettres euffent diffipé cette prévention funefte qui l'entraînoit à une violation fi honteufe !

Ne le vit-on pas encore, pour ranimer le Fanatifme languiffant, infinuer que les Accufés méditoient leur évafion ; affecter des mouvemens empreffés, redoubler les gardes, placer des lanternes fur le *couvert* des prifons, faire attacher au corps-de-garde une cloche qui répondoit à la chambre du Geolier; toutes précautions d'après lefquelles

(1) L'on m'avoit fait defcendre au Confiftoire pour fubir un de mes interrogatoires. Le fieur David étoit chargé de le recevoir ; il me fit affeoir à fon côté , *& fe penchant fur moi , il me dit à l'oreille* que fi j'avois quelque lettre ou billet à faire tenir à mes pareus , il fe feroit un plaifir de s'en charger. Je faifis avec joie cette facilité , j'écrivis *très-fouvent* à mon pere. Le fieur David , QUI RETENOIT MES LETTRES , n'avoit garde de m'apporter aucune réponfe. J'étois loin de foupçonner une pareille infidélité; mais ce qui m'a toujonrs étonné , c'eft que malgré les affurances que je donnois à mon pere de l'innocence des Calas , ce Capitoul n'ait jamais rien perdu de la prévention qu'il avoit contre eux. *Mém. du jeune Lavayffe , page* 11.

l'imbécille vulgaire s'écrioit : *Ils font donc convaincus , ils vont donc être envoyés au fupplice ?*

N'affectoit-on pas auffi , toujours dans les mêmes
vues , de répandre que les Accufés avoient tenté
plufieurs fois de fe défaire; qu'on avoit voulu
empoifonner l'un d'eux dans fes alimens ? Ces
bruits abominables n'acquirent-ils pas une telle
confiftance , qu'un jour la Servante étant tombée
en foibleffe & fans connoiffance , on répandit à
l'inftant qu'elle étoit morte , qu'on venoit de trouver du poifon dans fon eftomac ; nouvelle qui pé-
nétra fur le champ à la Tournelle, dont les Magiftrats, alors en féance , la faifirent avidement ,
& députerent le Commiffaire des Prifons, l'un
d'eux, pour s'en affurer davantage ?

Indomptable prévention ! l'un des plus grands
crimes des hommes , & l'un des plus impunis !
Sous quelles faces nous l'allons voir fe repro-
duire ! Quels autres refforts elle va faire jouer encore pour s'affurer fon coupable triomphe ! Nulles
regles ne la contiennent, nulles bienféances ne la
moderent , nuls fentimens d'humanité ne la flé-
chiffent, nulles formes ne l'arrêtent , nulles inquiétudes fur l'avenir ne l'effraient. David a dit :
« Les Calas font coupables » , il faut que fes Col-
legues , que fes Compatriotes , le Parlement , la

France entiere les jugent coupables: il faut que lui seul ait la gloire d'en susciter, d'en rassembler les preuves.

S'AGIT-IL d'entraîner le peuple par la pompe d'un culte religieux qui lui présente un Saint à invoquer, un Martyr à venger ? Aussi-tôt le Procureur du Roi présente une Requête pour faire enterrer le cadavre, *attendu* (dit-il) *qu'une foule de motifs en rendoient l'enterrement néceffaire*, fans néanmoins exposer aucun de ces motifs ; & l'on répand dans le Public que ce cadavre exhaloit une infection dangereufe, tandis qu'au contraire on l'avoit embaumé, confervé dans de la chaux vive, & qu'on n'étoit encore qu'au 6 Novembre, qu'au vingt-quatrieme jour de l'accufation.

En vain le fage Curé de Saint Etienne réfifte à cet enterrement, en vain il en repréfente les dangers, on l'affure qu'il n'y en a aucun ; que cet hommage eft dû au vertueux Marc-Antoine, affaffiné en haine de fa converfion ; que l'inftruction établit *clair comme le jour* qu'il devoit inceffamment faire abjuration.

Les Capitouls affemblés en plein Confiftoire, pouvoient rejetter cette demande ; on prend, pour la préfenter, le moment où fe trouvent feuls les sieurs David & Chirac, Capitouls, & deux Assesseurs, Officiers que les Capitouls ont droit de destituer arbitrairement, & dont les suffrages se trouvent ainsi dans une sorte de dépendance.

La Chambre des Vacations infirmera sans doute l'Ordonnance qu'ils rendent : quel parti prendre pour parer à ce danger ? Celui de violer la Loi, celui de ne pas communiquer la Sentence à cette Chambre, & l'on prend à la hâte le consentement verbal de deux Magistrats qui la président.

Enfin quand on a franchi tous ces obstacles, on regarde comme un coup décisif de frapper le Peuple par un enterrement pompeux, qui puisse augmenter sa chaleur, fortifier ses préjugés, encourager ses conjectures & ses discours. On choisit le jour du Dimanche, l'heure de trois heures. On ajoute à la marche pompeuse de cinquante Prêtres, l'assistance imposante des Pénitens blancs, qui comptent plusieurs Magistrats parmi leurs Membres, qui ne vont jamais à aucuns enterremens qu'à ceux de leurs Confreres, & l'on étale enfin ces fêtes meurtrieres dont nous avons tracé plus haut les terribles effets.

S'AGIT-IL d'avoir un Rapporteur qu'on puisse croire plus favorable à l'accusation qu'aux Accusés ? M. Monier, Assesseur, qui avoit assisté à toute la procédure, qui se trouvoit chargé du rapport, est écarté ; on lui suscite une contestation (1) humiliante, dans laquelle il remporte à la vérité l'avantage, mais qui le met dans le cas de s'abstenir par délicatesse, d'un rapport & même d'un jugement sur lequel on avoit osé offenser sa droiture.

Les familles des Accusés, & le peu qui restoit de Citoyens non prévenus, espéroient du moins qu'on feroit entendre en déposition ceux qui, par le résultat des informations, paroissoient devoir parler à la décharge de ces infortunés. Vain espoir dans une instruction où l'aveuglement dirigeoit tous les actes ! On ne fit entendre ni le sieur Billiere, qui auroit démenti la Dolmiere, ni le sieur Bou, sa femme & ses Garçons, qui auroient démenti l'imposteur Cazeres ; ni le sieur Bernardon, qui auroit confondu le nommé Mandement ; ni

(1) On lui reprocha d'avoir donné des communications aux familles des Accusés ; il rendit plainte de cette calomnie contre celui qui en étoit l'auteur : un Magistrat supérieur arrangea l'affaire, son accusateur lui fit des excuses ; le sieur Monier, par honneur pour lui-même, fit le rapport pendant une premiere séance, & se déporta ensuite du rapport & même du jugement.

C'est ainsi que M. de la Salle, Conseiller, pour avoir témoigné, en conversation seulement, sa répugnance à croire facilement un parricide, s'est abstenu du jugement. Pourquoi faut-il que la méchanceté soit si active, & la vertu si circonspecte & si paisible ?

le fieur Biénaife, qui auroit détruit la dépofition de Terrery, fon Commis ; ni le fieur Maifons, qui auroit fixé avec précifion la valeur de celles de fes deux Garçons ; ni le témoin indiqué par Me Challier dans fa dépofition , ni le fieur Teiffier, Secrétaire de M. le premier Préfident , qui par une longue amitié connoiffoit mieux que perfonne l'intérieur de la famille Calas , les difpofitions de M. A. celles de fes parens, ni M. de la Motte , Confeiller au Parlement de Touloufe, qui auroit attefté le Proteftantifme ferme du mort, & les bontés du pere lors de la converfion de Louis ; ni le propre Curé de Marc-Antoine, qui auroit dé- pofé fur le certificat de Catholicité refufé par lui, fur le défaut de connoiffance & de préparatifs de fa part pour la prétendue abjuration prochaine , en un mot, fur tous les faits relatifs à fon minif- tere, defquels auroient réfulté de nouveaux fecours pour l'innocence.

Mais en revanche, tout ce que la furprife, la duplicité, l'oppreffion, la terreur peuvent fufciter contre des Accufés , fut mis cruellement en œuvre au nom des premiers Juges.

On alla jufqu'à donner pour compagne de pri- fon & de lit à la Servante des Calas , une mifé- rable condamnée au fouet & au banniffement ,

qui

qui voulut se faire valoir par une déposition capitale, & qui étant selon les Loix incapable de la
faire entendre elle-même, la fit proférer par la
bouche de sa mere; déposition que David adopta
bien vite, mais que la Tournelle plus équitable
réprouva hautement, en empêchant que la mere
de cette malheureuse fût ni recolée ni confrontée.

Et voyant que malgré tant de mouvemens, les
charges rendoient si peu contre les Accusés, il s'é-
crioit avec un air d'emportement & de douleur;
« *vous verrez que nous ferons obligés de faire le*
» *procès au cadavre!* » Discours bien digne d'un
homme qui, honoré du caractere de Juge, se
dégradoit jusqu'à dire avec le langage d'un ques-
tionnaire: « *Je vois qu'il leur en coûtera quelques*
» *tours de question, qui à coup sûr feront ruisseler*
» *le sang* ».

Ce furent ces emportemens qui, le mettant hors
de lui-même, l'empêcherent de faire faire régu-
lierement les confrontations.

Mais de-là une nouvelle violation de l'ordre
public & de la Loi; car les premiers Juges ayant
déclaré ces confrontations nulles, en ayant ordon-
né de nouvelles, quel fut celui qui osa y présider
encore? Ce même David à qui la Loi défendoit
de les faire.

Ne fut-ce pas lui aussi qui seul avec Me Chirac (ce Capitoul qui avoit comme lui concerté l'enterrement fatal) opina dès le 18 Novembre à ce que le pere fût rompu, la mere & le fils pendus, Lavaysse & la Servante bannis ; quoique le rapport (1) même, si peu attendu par lui, eût été à ce que les *Accusés fussent relaxés* ; quoique la Sentence , *long-temps débattue*, *se réduisît à la question* ; quoique la Tournelle enfin ne vît lieu qu'à ordonner une continuation d'information , là où cet homme de sang osoit déja opiner à la mort.

N'imagina-t-il pas de son chef contre le jeune Lavaysse & la Servante , la singuliere formule qu'ils seroient *présentés* à la question, formule que la Tournelle proscrivit par le premier de ses Arrêts , en défendant expressément aux Capitouls d'employer à l'avenir des prononciations semblables ?

Enfin , malgré l'appel des Accusés, qui les affranchissoit de la Jurisdiction des Capitouls, ne le vit-on pas avec le Procureur du Roi, leur faire mettre aussi-tôt les fers aux pieds, comme pour les punir d'avoir appellé, & rassasier ses yeux de ce spectacle cruel , sans que le pere du sieur La-

____

(1) Il fut fait par Me Carbonnel Assesseur, successeur de Me Monier dans ce rapport.

vayffe pût obtenir qu'on les lui ôtât, en offrant de payer à fes frais autant de Soldats qu'on en voudroit ordonner pour fa garde ?

Le fort des Accufés ne fut pas plus heureux fur l'appel. L'opinion qu'ils étoient coupables, cette opinion terrible dont le fieur David fut le principal artifan, les fuivit devant leurs nouveaux Juges, & excita fortement une rigueur qu'ils ne regardoient fans doute que comme un acte de devoir & de juftice. A quelle autre caufe en effet , qu'à cette opinion trop promptement prife, attribuerions-nous la précipitation extrême, d'avoir mis fur le Bureau dès le 5 Décembre le Procès à juger pour le fond, lorfqu'il n'y avoit pas même affez de Juges (1) de Tournelle à Touloufe pour faire Arrêt, lorfque l'appel même du Monitoire étoit pendant en la Grand'Chambre ? Ainfi, par le plus affligeant contrafte, dans l'un des Tribunaux, des voix condamnoient déja Calas à la roue ; dans l'autre il propofoit des moyens pour faire tomber l'odieux Monitoire , & toute l'inftruction avec lui ! Par quelle fatalité l'Avocat qui s'étoit chargé de plaider l'appel comme d'abus, ne fe préfenta-

____

(1) On fut obligé d'aller au Bureau de la Grand'Chambre, où fe trouva feul [n'y ayant alors aucun travail] un Confeiller qu'on amena à la Tournelle, & qui n'opina certainement pas pour les Accufés.

t-il point , & comment une Cause si belle resta-
t-elle sans défenseur ? Pourquoi trois des Juges ne
se recusoient-ils pas, (1) deux pour avoir approuvé
l'Ordonnance d'enterrement, qui écartoit toute
idée de suicide , qui donnoit évidemment à la
mort de Marc-Antoine la prochaine abjuration
pour cause ; l'un d'eux encore pour avoir dit aux
filles du sieur Calas , qui sollicitoient sa justice
pour leur pere, *vous n'avez plus d'autre pere que
Dieu* ; le troisieme (qui dès l'Arrêt du 5 Décembre avoit déjà opiné à mort), pour s'être plaint
plusieurs fois, & notamment dans une grande
assemblée, que son avis n'eût pas été suivi, quoique dès-lors Calas pere fût, disoit-il, suffisam-
ment convaincu de parricide ? N'étoit-ce pas là
des causes graves de récusation ? Et comment de
leur propre mouvement ces Magistrats ne s'y ren-
doient-ils pas , si ce n'est que parce que les pro-
fonds artifices de David leur avoient persuadé
qu'il s'agissoit bien moins de juger les Calas coupables, que de leur arracher l'aveu de leur crime?

Au moins la ressource de présenter des récusa-

(1) Ce ne fut pas ainsi qu'en agit le vertueux M. de La-
salle , qui, pour avoir parlé en conversation dans des termes
qui annonçoient de sa part une extrême difficulté à croire
les Accusés coupables, se crut obligé (trop délicatement
peut-être) de se recuser , & les priva ainsi d'un suffrage qui
eût été si puissant & si respectable.

tions appartenoit-elle de droit aux malheureux Accufés, fauf à rejetter ces récufations, fi on les eût trouvé mal fondées. Mais après l'interdiction de trois mois prononcée contre le Procureur qui avoit donné pour eux une Requête d'infcription de faux, comment en donner une de récufation contre trois premiers Magiftrats? On la dreffe néanmoins cette Requête fi importante pour les fauver; mais on exige que la famille apporte un pouvoir fpécial : & le malheureux pere, privé de toute communication, de tout fecours humain, environné de Soldats, eft mort dans les tourmens, fans fçavoir qu'il avoit eu le pouvoir de s'y fouftraire en récufant trois de fes Juges!

Daigna-t-on même l'entendre par la bouche de fes enfans, lorfqu'ils propoferent pour lui les *faits juftificatifs* les plus frappans, les plus concluans, les plus propres à deffiller les yeux? Fiton quelque attention à ces déclarations authentiques que fit imprimer Louis fon fils, pour défavouer hautement les impoftures qu'on appuyoit de fon nom, pour attefter folemnellement aux Juges la tendreffe & les bienfaits d'un pere? Non, on ne l'écouta point; & ces faits qui nous touchent fi fort aujourd'hui, qui portent une pleine conviction dans nos efprits, qui vengent l'outrage de

la nature, parurent alors de vains fubterfuges ha-
fardés pour un coupable dont on veut éloigner le
fupplice?

Ce fupplice même, plus cruel peut-être pour
un accufé à concevoir qu'à fouffrir, ne le porta-
t-on pas dans l'ame de Calas avant de le condamner? Ce malheureux vieillard ne fut-il pas glacé
d'épouvante & d'horreur, quand on lui fit traverfer avant fon Jugement la Place du Palais, cou-
verte en ce moment de Soldats, de Bourreaux,
de feux (1), & de tout l'appareil d'une exécution
menaçante? Qu'à cette vue il fe fût regardé comme
la proie certaine des flammes, & que par un mouvement involontaire de la nature effrayée, il fe
fût avoué coupable, comme on l'avoüe fi fouvent
dans les douleurs de la queftion, on eût crié de
toutes parts à la conviction; le nom de Calas de-
venoit le nom du crime même; le Capitoul David étoit un Héros populaire, le vengeur de la
Religion de fon Pays; la Nature étoit fouillée
d'un affreux parricide; & toutefois cette confeffion arrachée par tant de perfécutions, qu'au-

____

(1) On brûloit alors la Lettre imprimée du Miniftre Paul
Rabot, qui défendoit fa Communion du reproche d'autorifer l'affaffinat des enfans en haine de leur converfion. On
avoit difpofé cette exécution avec beaucoup d'éclat, &
l'heure s'en trouva être précifément celle où l'on favoit
que Calas devoit traverfer la place pour être conduit à fon
dernier interrogatoire.

roit-elle été qu'un crime de plus pour leur auteur ? Mais fi l'inviolable vérité lui défendit cet aveu, du moins cette vue cruelle des flammes & des Bourreaux troubla fa raifon, obfcurcit fes facultés, étouffa fa défenfe : il ne put que bégayer devant fes Juges fur chacune de leurs queftions, *je fuis innocent* : défenfe trop foible contre un fi grand crime ; embarras qui aura peut-être fuffi pour décider contre lui quelques voix incertaines, n'eût-ce été que cette voix prépondérante, voix fatale qui forma l'Arrêt de fon fupplice !

Et voilà par quel art déteftable, vainement coloré du defir de chercher la vérité, (car la vérité n'emploie que des moyens dignes d'elle) on trompa les derniers Juges ; on les affocia, pour ainfi dire, aux excès d'un Capitoul furieux; on les réduifit, trompés eux-mêmes, à confacrer fes erreurs !

La condamnation du malheureux Calas ne fut pas pour le fieur David le terme de fa prévention infenfée. Il lui falloit encore d'autres victimes. Pour jetter dans l'ame des Accufés cette même terreur qui venoit de perdre le pere, on affecte de les reconduire aux prifons de l'Hôtel-de-Ville, qui font celles des exécutions ; on leur cache l'Arrêt qui furfeoit à leur Jugement ; on les laiffe pendant un long-temps livrés aux craintes les plus finiſtres : pour les augmenter encore, on double leurs Gardes (1), on vient leur enlever avec un appareil de mort leurs couteaux, leurs meubles d'acier, & tout ce qui peut ſervir à un priſonnier à attenter ſur ſes jours ; on leur fait annoncer QU'ILS (2) SONT TOUS CONDAMNÉS, & pendant qu'on porte ainſi dans leurs ames la certitude d'un ſupplice qui rend tout déguiſement ſuperflu, on épie leurs viſages, leurs diſcours, leurs ſoupirs, & juſqu'à leur ſilence ; on les épie ſur-tout dans ce moment redoutable, où leur ame abbatue reçoit pour dernier coup la nouvelle de la mort de Calas, où ils doivent enfin avouer un crime pour lequel on va, ſoit qu'ils le taiſent ou qu'ils l'avouent, les conduire à l'échaffaut. Mais leur conſcience pure les ſoutient victorieux ; innocens comme lui, ils vont mourir comme lui ; ils laiſſeront à leurs Juges l'éternel regret de leur

(1) Au lieu d'un Soldat de garde on en mit deux. Tous les priſonniers qui avoient la liberté de me voir fuyoient loin de moi. Je me crus perdu, *je ne doutai plus de ma condamnation*. Mém. du ſieur Lavayſſe, page 15.

(2) Le ſoir de l'exécution, [c'eſt-à-dire, plus de trente-ſix heures après l'Arrêt] un des Soldats de la Garde, nommé *Lapierre*, qui venoit d'aſſiſter au ſupplice du ſieur Calas, s'approcha de moi, & m'apprit cette affreuſe nouvelle. Il ajouta QUE NOUS AVIONS TOUS ÉTÉ CONDAMNÉS, & qu'on ne vouloit cependant nous faire périr QUE LES UNS APRÉS LES AUTRES, afin que notre mort fît une plus grande impreſſion ſur le Peuple. *Mémoire du ſieur Lavayſſe*, page 16.

mort, & perfistent à foutenir conftamment qu'ils n'ont point affaffiné Marc-Antoine.

A cet inftant feulement s'ouvrirent les yeux, couverts jufqu'alors d'une nuit profonde, la nuit de la prévention & de l'erreur. Ici feulement commence le triomphe de la vérité; triomphe tardif, acheté par le fang d'un innocent, par l'affaffinat du plus refpectable des peres. Et quelqu'un encore pourroit ne pas regarder comme démontrée une innocence, contre laquelle on a employé tant de mouvemens & de refforts, contre laquelle on a entaffé tant d'irrégularités & de manœuvres; une innocence qui a pu arracher par fa feule force un Arrêt d'abfolution à des Juges affez généreux pour s'accufer ainfi en fe combattant eux-mêmes! Mais s'il étoit encore un homme affez aveugle pour douter, qu'il paroiffe, & qu'il vienne avec nous chercher une derniere preuve fur l'échaffaut de Calas.

C'eft là, c'eft fur ce fiége d'ignominie & d'horreur que font affifes la vérité, la vertu, la paix, l'innocence. C'eft là où nous appellons ceux qui répéteront encore : « Mais quoi, cet homme que vous défen- » dez avec tant de chaleur a été condamné par un » Parlement entier ? » Nous ne leur dirons pas: fept Juges feulement le condamnoient d'abord,

SIXIEME
PREUVE.
Héroïfme
de la mort
de Calas.

dont trois étoient récufables ; & parmi les fix qui l'abfolvoient ou qui ne le condamnoient pas, deux avoient fait toute l'inftruction du Parlement, toutes les auditions , toutes les confrontations ; enforte que fi la juftice avoit eu un libre cours, fi les récufations avoient pu être propofées , il obtenoit (1) une abfolution éclatante. Nous ne leur dirons pas : jamais la Tournelle n'a pu, après dix affemblées, envoyer au Confeil du Roi *des motifs* pour défendre fon Arrêt, devenu l'objet d'une réclamation univerfelle. Nous ne leur dirons pas enfin : l'Angleterre elle-même , où la vie des hommes eft confiée à l'unanimité de douze Jurés, a vu condamner (2) à Oxford il y a peu d'années comme parricide un fils innocent, parce qu'il eft plus facile que douze hommes prennent l'erreur pour l'évidence , que de voir un fils affaffiner fon pere , un pere égorger fon fils : mais nous leur dirons pour toute réponfe : « venez, mon-» tez fur cet échaffaut , & voyez fi c'eft ainfi » que meurent les fcélérats & les parricides ».

Quelle mort, grand Dieu, que la mort de Ca-

____

(1) Il auroit eu alors fix voix pour lui , & quatre feulement contre lui.

(2) Le Théologien qui l'affiftoit au fupplice eft encore vivant : on auroit la preuve juridique de cet événement fi elle étoit néceffaire.

las ! Avec quel courage il souffre les douleurs d'une question cruelle, & répond à ses Juges : *où il n'y a point de crime , il n'y a point de complices !* Avec quelle grandeur, en même temps qu'il offre à Dieu le sacrifice de sa vie pour l'expiation de ses fautes, il refuse de remplir une amende honorable qui le supposeroit parricide ! Avec quel touchant attendrissement il répond au respectable consolateur qui le presse : *Et vous mon Pere aussi , vous pourriez croire qu'un pere eût voulu tuer son fils?* Quelle fermeté paisible en marchant au supplice ! Quelle tranquillité sublime en se voyant attacher sur le siége de ses tourmens. « Citoyens assemblés , se » seroit écrié alors un Fanatique voué à une mort » certaine : cessez de m'accuser & de me plaindre : » j'ai vengé l'injure de Dieu par la mort d'un per- » fide ; si l'amour de la vie m'a fait dissimuler cet » effort de mon zèle, j'abhorre cette lâcheté : je vais » l'expier de tout mon sang, je confesse hautement » une action que je ferois encore , & qui doit dans » quelques instans recevoir une ineffable récom- » pense ». Supposerons-nous au contraire (ce que David lui-même n'a osé supposer) un assassinat qui n'eût pas eu la Réligion pour cause ? Alors la désolation, les larmes, un lâche abbatement, des cris horribles, un affreux désespoir, auroient montré à tous les yeux un scélérat se détestant lui-

même, & ravalé au-deſſous du néant par la terreur de ſon ſupplice. Mais entendez le vertueux
Calas, voyez comme il implore la bonté céléſte,
comme il conjure Dieu de ne point imputer ſa
mort à ſes Juges ; comment, en portant ſes regards tendrement attachés vers le ciel, il s'éleve
en eſprit juſqu'à la Divinité, il compare ſon innocence à celle du Rédempteur, & s'écrie avant
l'inſtant fatal qui termine ſa vie : « *Je meurs inno-*
» *cent ; JESUS-CHRIST, l'innocence même, vou-*
» *lut bien mourir par un plus cruel ſupplice. Dieu*
» *punit ſur moi le péché de ce malheureux qui s'eſt*
» *défait lui-même : il le punit ſur ſon frere & ſur*
» *ma femme. Il eſt juſte, & j'adore ſes châtimens :*
» *mais, mon Pere, ce jeune étranger, cet enfant ſi*
» *bien né . . . . comment la Providence l'a-t-elle en-*
» *veloppé dans mon malheur* » ? En vain le fou-
gueux David (1) s'élance ſur l'échaffaut, & veut
troubler la paix de ſes derniers inſtans. Sa vue,
plus cruelle que la mort, n'altere point la ſérénité
d'une ame qui ſe jette dans le ſein de Dieu même.

(1) Trait d'autant plus horrible, que cet homme étoit
étranger à l'exécution, qui ne regardoit que le ſieur Goa-
zé, Capitoul de ſemaine ! Outrage deshonorant pour l'humanité, & qui montre juſqu'où la violence de la paſſion a
pu l'entraîner ! La Juſtice de Sa Majeſté vient d'ordonner la
deſtitution du ſieur DAVID du Capitoulat par un Arrêt de ſon
Conſeil du préſent mois de Février 1765, enregiſtré en
l'Hôtel-de-Ville de Touloufe.

« *Malheureux*, lui crie cet acharné perſécuteur ,
» *vois-tu ce bucher qui va réduire ton corps en*
» *cendres? Dis la vérité* ». Et lui , le moins malheureux des deux, leve les yeux au ciel , détourne
un peu la tête, regarde l'Exécuteur, qui s'avance
& met fin à ſes tourmens.

S'il eſt des cœurs qui puiſſent réſiſter à de telles
preuves, ce n'eſt pas pour eux que j'écris. Mais
j'écris pour ces Magiſtrats vertueux , qui déja deux
fois vengeurs des Calas , les vengeroient aujour-
d'hui pour la premiere fois à la vue d'une défenſe
qu'ils trouvent toute entiere au-dedans d'eux-
mêmes. J'écris pour montrer à un Sénat auguſte
combien les paſſions des premiers Juges l'ont
trompé lui-même , & pour aſſurer ainſi ſes propres
vœux au ſuccès de cette Cauſe importante, que défendent mieux que moi l'humanité & la nature.
J'écris enfin pour convaincre de plus en plus ces
ames généreuſes de la France & des Nations étrangeres, qu'elles ont avec raiſon protégé une famille
infortunée , & que le malheureux Calas ne pouvant être rappellé à la vie , on doit donner au
moins une tendre admiration à ſes vertus , une
juſte vengeance à ſa mort, des ſecours à ſes enfans, & des larmes à ſa mémoire.

Monſieur DUPLEIX DE BACQUENCOURT ,
      Rapporteur.

Mᶜ ELIE DE BEAUMONT , Avocat.

O Y O N, Procureur.

RAPPORT DES MEDECIN ET CHIRURGIENS, du 14 Octobre 1761.

NOUS JEAN-PIERRE LATOUR, Professeur Royal en Médecine, ordinaire de l'Hôtel-Dieu S. Jacques de cette Ville, & Nous JEAN-ANTOINE PEYRONNET & JEAN-PIERRE LAMARQUE, Maîtres en Chirurgie de la même Ville, certifions qu'ayant été requis ce matin 14 Octobre à minuit & demi ou environ, de nous transporter en la maison du sieur Calas, Marchand à la grande rue, pour visiter un Corps mort, & qu'ayant prêté serment dans ladite maison entre les mains de M. DAVID Capitoul pour procéder à cette visite, nous avons soigneusement examiné ce Corps, qui étoit encóre un peu chaud, *que nous avons trouvé sans aucune blessure*, mais avec une marque livide au col, de l'étendue d'environ demi-pouce, en forme de cercle, qui se perdoit sur le derriere dans les cheveux, divisée en deux branches sur le haut de chaque côté du col ; rendant de la morve & de la bave par le nez & par la bouche, & ayant la face livide : *ce qui nous a fait juger qu'il a été pendu encore vivant, par lui-même ou par d'autres*, avec une corde double qui s'est divisée sur les parties latérales du col, & y a formé les deux branches livides que nous avons dit y avoir observées. Ce que nous certifions véritable. En foi de quoi nous avont signé, &c.

ERRATA.

Page 32, lig. 19 & 29, ôtez, *sans aucun intérêt*, & *lisez* lig. 21, vous voulez, *sans aucun intérêt*.

9 782329 022482